I0073875

La travesía: El poder de emprender

Julio Zelaya

Copyright 2015 Julio Zelaya

TODOS LOS DERECHOS RESERVADOS. El contenido de
este libro está protegido bajo las leyes y tratados internacionales y
federales de derecho de autor. Está prohibida cualquier reimpresión no
autorizada o uso de este material. Ninguna parte de este libro podrá ser
reproducida, ni transmitida de ninguna forma, ni por medio electrónico
o mecánico, incluyendo fotocopias, grabaciones, o ningún sistema de
almacenaje o de recuperación de datos, sin el permiso escrito del autor/
casa editora.

ISBN: 978-1-941142-94-3

Muéstrame un obrero con grandes sueños y en él encontrarás un hombre que puede cambiar la historia. Muéstrame un hombre sin sueños, y en él hallarás a un simple obrero.
– James Cash Penny

ÍNDICE

Prólogo

Desperté agitado. Mi corazón palpitaba y estaba sudando. Al tratar de moverme, noté que era imposible. Mi cabeza parecía sujeta a algún extraño aparato que no me permitía ver hacia otro lado que no fuera hacia adelante. Mi movilidad también estaba restringida. Aunque me costaba ver en la penumbra, divisé justo frente a mí lo que parecían figuras. ¿Eran personas? ¿Eran animales? ¿Eran reales? ¡No estaba solo en ese lugar! Muchas otras personas estaban allí conmigo, restringidos igual que yo. Lo sabía pues aunque no podía mover mi cabeza libremente, logré ver hombres y mujeres de diversas edades, simplemente ahí, con la mirada perdida.

No sé lo que pasó por mi mente. Sabía que había soñado algo. Había soñado ser libre. Había soñado con la luz de algún lugar que no era esa caverna. ¿Era real mi esclavitud o la había imaginado? Creí en mi sueño. Creí que era realidad.

Empecé a mover lentamente mis pies y mis manos. Mis piernas, debilitadas por estar en una misma posición, apenas respondían. Sin embargo… realmente no estaba atado. Mi cabeza, al esforzarme un poco más, también giraba. Empecé a perder el miedo. Empecé a dar pasos. Empecé a ser libre.

Caminé, casi tropezando, en medio de las demás personas que estaban en esa caverna. Descubrí, para mi horror, que las figuras que veía eran apenas sombras, proyectadas desde la parte trasera de la caverna por otras personas que sujetaban unas marionetas por encima de un fuego. ¡Todo era una ilusión!

Subí por un sendero cercano a donde estaba cautivo y descubrí un extraño calor en mi rostro. Quedé ciego de la luz que algo emanaba afuera de la caverna. ¿Qué era este lugar? Todo parecía blanco. Con el tiempo, empecé a ver extraños colores. ¿Verdes? ¿Naranjas? ¿Amarillos? ¿Rojos? Estaba, por primera vez, aterrorizado. ¿Qué debía hacer? Quise regresar a mi cautividad. Era más fácil ver hacia un único lugar que escoger a dónde voltear mi cabeza. Sentí una terrible ansiedad de pensar en las alternativas frente a mí. ¿Y la seguridad de estar en un solo lugar? ¿Y las familiares figuras que veía todos los días? Pasé de la ansiedad a la desolación. Era demasiado abierto ese nuevo mundo. ¿Qué haría? ¿Regresaría a la caverna? ¡Sí, eso haría! ¡Le diría a los demás que todo era una ilusión! ¡Les diría que en realidad éramos libres y que el mundo era nuestro!¡Les diría que el sueño era realidad! ¡Los invitaría a que creyéramos en esos sueños!

Regresé con un ánimo renovado, ya acostumbrado a la luz que había descubierto. Sentí el frío de la caverna y mis ojos tuvieron que ajustarse a la oscuridad del pasado. Bajé hasta donde estaban los demás prisioneros. Les hablé con la certeza de que me escucharían. ¡Todo ha sido un engaño! ¡Podemos salir! ¡Somos libres!

Sus rostros se tornaron de expectantes a fúricos. ¡Sal de acá! ¡Estás loco! ¡Es imposible! ¡No hay nada afuera! ¡Sal de acá! ¡No nos molestes más! Sus gritos fueron subiendo de tono. Mi cuerpo detectó que la situación podría ser peligrosa. Salí de la caverna. Lloré. Lloré por mí. Lloré por ellos. Eran libres, pero querían ser esclavos.

¿Te suena familiar esta narración? Las verdades tan simples que nos narrara Platón hace más de 2,400 años en esta adaptación que hice de su "alegoría de la caverna" ¡siguen vigentes! 70% de las personas en el mundo odian su trabajo, sin embargo, pasan 80% de su vida en dicha labor, cautivos.

En muchas ocasiones estamos esclavizados, creyendo que no tenemos opciones, aferrándonos a la creencia de que son reales las cosas que nos han dicho. Somos como esos prisioneros de la caverna, dejamos de creer que podemos movernos. En otras ocasiones, ponemos más atención a lo que vemos, a esas ilusiones proyectadas en nuestra aparente esclavitud. Finalmente, cuando nos desafiamos y creemos que podemos salir, nos aterra la libertad y pensamos en regresar al confort de la esclavitud de la caverna. Es allí donde escuchamos palabras de los otros prisioneros que nos invitan gustosamente a seguir esclavizados, y nos aseguran que estamos locos por las cosas que hemos visto. Este es el dilema del emprendedor. Los sueños son realizables, pero implican atrevernos a creer que existe otra realidad. Implican aceptar los retos que trae la libertad.

Desde que publiqué *La travesía del emprendimiento* en 2009, muchas cosas han pasado. Hice crecer mi empresa The Learning Group hasta venderla dos veces. La primera vez vendí el 50% de las acciones y recompré la totalidad, y la segunda vez vendí definitivamente. Descubrí que debía ser fiel a lo que enseño, y enfocarme dedicada y plenamente al emprendimiento. Es allí donde nace EmprendeU, la organización a la que espero dedicarle el resto de mi vida. He aprendido muchos principios nuevos y he validado las verdades que están en mis obras. He conocido a miles de emprendedores y emprendedoras en decenas de países y ciudades del mundo, y he escuchado sus historias. He recibido correos de historias de éxito y de fracaso, he conversado sobre pictogramas y planes de vida con multiplicidad de personas. Y especialmente he descubierto que ¡las verdades de *La travesía* están vigentes!

¿Qué he aprendido en estos seis años? ¡Muchísimo! ¿Qué ha cambiado en estos seis años? En una palabra: todo, por lo que decidí actualizar el contenido, matizándolo y enriqueciéndolo para que sea una valiosa herramienta que ayude a emprender la travesía de la vida. Deseo compartir mis nuevos aprendizajes para que todos salgamos de esa caverna, veamos la luz y construyamos la vida para la que fuimos destinados: una de libertad.

Mis principales aprendizajes en este tiempo:

El VUCA mundo

Volatilidad, Incertidumbre, Complejidad, Ambigüedad. VUCA, por sus siglas en inglés, es la norma. Veamos algunos ejemplos. Hace seis años:

- Blackberry tenía una posición predominante en el mundo de teléfonos inteligentes. Hoy, está luchando por su existencia.
- Whatsapp no existía. Hoy, la aplicación fue vendida a Facebook por $22 billones de dólares y cuenta con casi 800 millones de usuarios activos.
- Uber, la compañía que ahora es una amenaza al servicio tradicional de taxis, no había sido fundada. Hoy, cuenta con una estimación anual de ventas de $10 billones de dólares.
- Airbnb, la empresa en la web para rentar habitaciones tenía apenas unos meses de existir y hoy tiene una valuación de $20 billones de dólares y una presencia en 34 mil ciudades y 190 países.
- Google tenía, en promedio, 800 billones de búsquedas al año. Hoy, el número va por 1.3 trillones de búsquedas al año.

- El iPhone iba por generación 3GS, vendiendo 7.37 millones de unidades en un trimestre. Hoy, está vendiendo un promedio de 75 millones de unidades por trimestre.
- La cobertura de Internet ha subido de 25% a 40%. Esto implica que casi la mitad de la población mundial está conectada.
- Aumentaban los diagnósticos de depresión. Hoy es una de las enfermedades predominantes en el mundo.
- Facebook tenía 360 millones de usuarios. Hoy tiene 1,445 millones.

Frente a estas increíbles realidades, he aprendido que el mundo ha cambiado y está cambiando a un ritmo que nunca volverá a ser el mismo. La resiliencia, la adaptabilidad y la constante actualización son imperativas para un emprendedor.

Lifestyle design

Tim Ferris publicó en 2007 el libro *The 4-Hour Workweek: Escape 9-5, Live Anywhere, and Join the New Rich*, que traducido sería "La semana de 4 horas laborales: escapar de la vida de nueve a cinco, vivir en cualquier lugar y unirse a los nuevos ricos". El libro pasó cuatro años en la lista del New York Times y ha vendido más de un millón y medio de ejemplares. En resumen, introdujo un concepto llamado diseño de estilo de vida o lifestyle design que nos hace diversas preguntas poderosas:

- ¿Cómo defines tu estilo de vida ideal?
- ¿Cómo eliminas lo que estorba tu tiempo?
- ¿Cómo automatizas un flujo de ingresos consistente?
- ¿Cómo encuentras la libertad?

Tim Ferris pone en duda los conceptos básicos de ¿por qué deberías estar en un único lugar físico trabajando o viviendo? o ¿por qué deberías estar en un trabajo que odias, esclavizado, únicamente por dinero que igual podrías hacer de otra forma, quizá usando la tecnología que ahora podemos tener a nuestro servicio?

En este tiempo he escuchado mucho el concepto de "balance vida-trabajo", pero me encantó ir más allá y pensar en cómo diseñar mi vida antes de que alguien la diseñe por mí.

Tres cosas me ayudaron a descubrir que el éxito y cómo lo alcanzo debo definirlo yo, junto con mis stakeholders clave, y nadie más. La primera cosa fue leer a Tim Ferris, la segunda cosa fue participar en el programa de formación del Aspen Institute, CALI (Central American Leadership Initiative), y la tercera cosa fue leer el artículo de Jim Loehr y Tony Schwartz publicado en 2001: "The Making of a Corporate Athlete", o "La hechura de un atleta corporativo". Estos hallazgos me ayudaron a descubrir que pasé muchos años dejando que alguien más definiera mi vida, cuando mis decisiones debían fundamentarse en lo que me hiciera feliz junto a mis seres queridos.

Hoy, en el diseño de EmprendeU y en lo que enseño sobre emprendimiento, trato de mostrar un nuevo mundo en donde el tiempo de calidad puede ser parte de una vida abundante y que no riñe con lograr nuestro propósito. EmprendeU es una empresa que modela los principios del mundo de hoy, ya que puedo trabajar desde mi casa y tener colaboradores en todo el mundo, sin conocerlos personalmente, además de tener la capacidad de tercerizar y automatizar muchos de los momentos clave del negocio. Todo esto, sin olvidar mi llamado.

Uno de mis mentores en este proceso ha sido Peter Diamandis, fundador del X Prize y cofundador de Singularity University. Al conocerlo, me dijo una frase que cambió mi perspectiva sobre la vida y mi llamado: "Julio, enfócate en hacer algo que impacte la vida de un billón de personas en los próximos diez años." Su reto me hizo pensar de forma exponencial y me hizo reflexionar sobre la forma en la que el mundo de hoy está configurado. ¿Podría impactar a un billón de personas sin tecnología? ¿Podría lograrlo sin sistemas digitales? Sin duda ¡debía reconfigurar la forma en la que operaba!

En una de las últimas conversaciones que tuve con uno de los inversionistas que comprara The Learning Group, me dijo: "Yo sí continuaré con el sueño, pues evidentemente tú ya lo has abandonado". Su frase venía luego de explicarle que o vendía la compañía o la cerraría.

Yo había entendido, luego de muchos procesos de introspección, que la estructura bajo la cual había fundado la empresa ya no era lo que mis clientes necesitarían. Con la idea que había fundado la empresa en 2007 era imposible operar en 2015 y a futuro. En mi interior pensaba: "Justamente debo dejar ir muchas de mis anclas para realmente cumplir mi sueño". En mi caso, una empresa era parte de mis anclas. Vender una de las empresas que fundé me permitió sentarme a escribir estas líneas, las que curiosamente escribo desde República Dominicana, confirmando que Ferris tenía razón y es posible trabajar desde cualquier lugar. ¿Qué nos ancla? ¿Qué paradigmas creemos que siguen vigentes? ¿Quién definirá el estilo de vida que deseamos tener?

Me encantaría contarte que por mi cuenta encontré estas verdades, pero la verdad es que las situaciones me llevaron a liberar mis anclas. ¿Qué situaciones? Había decidido venderlo todo para mudarme a USA, en gran medida por el reto que Peter Diamandis me planteó. Luego de vender la empresa y de comunicarle a muchas personas cercanas que me mudaría a otro país, se hizo realidad la variable que nunca pensé que sucedería: la visa H1B pasaría a lotería, por lo que ni siquiera consideraron mi expediente. Según me dijo mi abogada migratoria: "En 14 años, es el año donde más solicitudes han ingresado, estoy sorprendida". Como he aprendido que es mejor no forzar situaciones que no se dan a pesar de todo tu esfuerzo, me concentré en analizar mis alternativas. Pude haberlo visto de cualquier forma, talvez mala suerte, pero no creo en la suerte, así que lo veo como el mayor regalo que pude recibir. Dicha situación me obligó a reevaluar mi propósito y las verdaderas razones para mudarme. Mi objetivo continuaba siendo alcanzar mayor incidencia e impacto exponencial, pero debía replantear la forma de lograrlo. Hoy puedo decir que vivo en Guatemala, pero que soy ciudadano del mundo, lo cual es la imperativa actual.

La situación contemporánea nos permite diseñar una vida diferente, con una nueva perspectiva. Creo firmemente que en la tecnología se encuentra el desarrollo de la nueva era de emprendedores, pues ya no necesitan estar físicamente en ningún lado en particular para impactar el mundo. Puedes contratar el mejor talento de Croacia desde Guatemala, o el mejor talento de Guatemala desde Croacia. Si tienes una computadora o teléfono inteligente y una conexión a internet, puedes hacer lo que antes estaba reservado a las grandes multinacionales. Los negocios han cambiado. El emprendimiento, sin embargo, sigue siendo un estilo de vida.

Lean: La nueva forma de emprender

Lean Startup, el concepto popularizado por Eric Ries, parece ser la norma empresarial de hoy. ¿Cómo crear un "producto mínimo viable" que podamos lanzar para validar en el mercado? Ahora el mundo nos permite hacer pruebas de respuestas en tiempo real, en redes sociales o en websites, en Google Ad Words y Google Ad Sense, en Facebook y en general, en todas las plataformas digitales.

Jeff Walker creó un producto digital muy simple, un boletín por email que detallaba consejos sobre la bolsa de valores. Lo mandó a su base de datos y a los cincuenta y nueve segundos, cerró su primera venta. En una hora, había vendido $8,000. Para el final del día había llegado a $18,000, y para el fin de semana, $34,000. "Las reglas han cambiado", pensó. Su mejor lanzamiento, desde casa, sin trabajadores, hizo $106,000 en siete días. Hoy, Jeff Walker ha dirigido y ejecutado múltiples lanzamientos multimillonarios utilizando publicidad que cualquiera puede comprar en Google Ad Words y llevando tráfico a su sitio usando Facebook Ads. Aprovechando la plataforma digital logró lo que tradicionalmente habría tomado decenas de personas y una cuantiosa fortuna. El mundo ha cambiado. ¿Tu negocio y tu mentalidad también?

Las nuevas generaciones están migrando a un pensamiento lean. ¿Para qué tener una oficina si puedo trabajar desde casa? ¿Para qué tener una casa propia si puedo alquilar una? La estabilidad no se mide en propiedades sino en relaciones funcionales por las que nos esforzamos. El concepto de "tener cosas" como indicador de éxito se ha trasladado al concepto de "vivir más plenamente", de buscar la satisfacción en las personas, en el proceso de alcanzar nuestro propósito, en la convivencia más que en la existencia. Una vida más llena de experiencias enriquecedoras con las personas que te importan parece ser la nueva modalidad de éxito.

Hoy, ¡podemos emprender más fácilmente que nunca! Puedo contratar personal utilizando plataformas como Freelancer.com. Si solamente tengo $5 puedo usar Fiverr para contratar diferentes partes de mi negocio por ese monto predefinido.

¿Deseas publicar un libro? Puedes conservar la mayoría de tus utilidades publicando en Amazon Kindle. Te tomará veinte minutos someter tu manuscrito en Word a un proceso de maquetación con el cual empezarás a vender en setenta países instantáneamente. Puedes contratar a un diseñador que te haga la portada por $5 en Fiverr y ¡listo! Ya eres un autor que vende en Amazon.

¿Quieres ver tu libro impreso en todo el mundo? Puedes hacerlo desde tu casa en Createspace y distribuirlo con Ingram. Lo estoy viviendo en este momento, donde estoy trabajando este libro con el apoyo de personas que no conozco en persona, porque viven en diferentes ciudades alrededor del mundo.

Esta facilidad no existía en 2009. Las empresas "tradicionales" están menguando y se están convirtiendo en un modelo cada vez más liviano, más apoyado en tecnología y en procesos automatizados.

¿Quieres saber cómo financié la primera edición de este libro? Perdí la primera casa que había terminado de pagar con mi esposa. Este libro está naciendo luego de todos esos aprendizajes. No quisiera que pasaras por lo que yo pasé para emprender. ¡El costo de hacerlo de la forma equivocada es demasiado alto!

Dos mentalidades, dos formas de ver el mundo

He aprendido que existen dos formas de ver el mundo. No importa la profesión, lo que hagas en la vida, he encontrado estos dos enfoques en todas partes. Existe una mentalidad de abundancia y una mentalidad de escasez. Donde una persona ve que "abundará", la otra persona ve que "faltará". Esto nos lleva a actuar de cierta forma, a hacer negocios de una manera particular.

¿Cómo ves el mundo? Lo ves como un lugar en donde "todas las personas me harán daño" o cualquiera "será tu competencia" o donde "debo guardarme todo para mí" o lo ves como "hay de sobra para todos".

Carol Dweck, en su célebre libro *Mindset*, nos ilustra muy claramente el punto. Ella encontró que las personas con mentalidad de escasez, 40% a nivel mundial, tienen la creencia de que la personalidad y la inteligencia vienen determinadas desde el nacimiento y no sufren cambios. Por ejemplo, una persona que tiene un cociente intelectual muy elevado es un genio y el que tiene un cociente intelectual bajo es una persona poco inteligente, y siempre será así. De esta misma forma fija e inmutable ven su vida o emprendimientos: "Yo nací pobre", "nací en un país subdesarrollado", "nací en una familia desintegrada", "carezco de figura paterna o materna", "es genético, no puedo hacer nada", "soy así", etcétera.

Dweck estima que las personas con mentalidad de abundancia también son 40% a nivel mundial y creen que la personalidad y la inteligencia van cambiando a lo largo de la vida, y que su objetivo es mejorar. Todas las cosas pueden servirles para un propósito y lo que ahora limita puede cambiar con esfuerzo y dedicación. Frases comunes de estas personas: "Todo me sirve para algo", "esto tiene un propósito", "puedo cambiar", "nada me determina", "soy dueño de mi destino", "puedo construir el futuro que quiera", "nací de esta forma, pero no necesariamente moriré de esta forma". Según la autora, 20% de personas están en medio, sin una clara definición entre ambas posturas. ¿Dónde estarías tú?

Durante estos seis años, he dicho repetidamente una frase a quienes están iniciando un negocio: "¿Qué tienes en la mano?, empieza con eso". Les invito a hacer un inventario de riqueza, un recuento de todo lo que sí tienen. Es asombroso, cuando las personas se sientan a escribir sus inventarios descubren la cantidad de recursos que tienen: contactos, acceso a capital, recursos, materiales, vivencias, experiencias, entre otros. Para emprender es importante usar lo que tenemos en la mano. Usualmente tenemos mucho que descontábamos. Si tienes limitaciones, quizá eso sea lo que tienes en la mano y hay que enumerarlas para descubrir las opciones. Al ver el negro distinguimos el blanco. Esa comprensión de carencia es la que te llevará a disfrutar de la abundancia y también te ayudará a comprender la realidad de muchas personas que viven el mismo reto que tú. ¿Te ves en abundancia o con limitación? Lo que creemos y decimos, sin duda, se vuelve nuestra realidad, así que incluso en medio de la dificultad, habla abundancia, exprésate en positivo.

La clave es el foco

Durante este tiempo, he descubierto por qué Steve Jobs, el cofundador de Apple, decía que "su trabajo era decir que no". Cuando has avanzado en el logro de tu propósito, hay que mantenerse enfocados, porque el éxito atrae y muchas personas se te acercarán, pues desean proponerte otros negocios o emprendimientos. En este tiempo he recibido muchas ofertas de trabajo, inversiones, asociaciones, entre otros. He sido diligente en decir que no muchas veces. Otras, he cometido el error de decir que sí cuando debí haber dicho que no.

En el mundo en el que vivimos, estamos inundados de distractores. Las alertas digitales abundan: los mensajes de Whatsapp, las luces del teléfono de una llamada, los chats de Facebook, un correo que entra, un recordatorio en nuestro Apple Watch. ¡Estamos conectados y recibiendo más estímulos que nunca! Las oportunidades de las que hablamos antes serán más y más abundantes para ti. Ahora es más importante tener claridad de qué cosas van a recibir un "sí" y cuáles van a recibir un "no".

"Lo bueno es enemigo de lo sobresaliente", escribe Jim Collins. Es decir que en ocasiones podemos tener un trabajo seguro, pero que no amamos, en comparación con lanzarse a desarrollar un negocio incierto que amaríamos hacer. El trabajo seguro es "bueno", pero el negocio incierto que amaríamos hacer puede ser "sobresaliente". Lo importante es enfocarnos en lo que deseamos hacer.

Ya que el foco es la clave, que es bueno aclarar cuál es el foco, lo que consistentemente da resultados con base en el esfuerzo. Estamos cada vez más distraídos por los éxitos instantáneos. Alguien me dijo recientemente sobre el brillante emprendedor guatemalteco Luis Von Ahn: "Qué increíble cómo logró la inversión de Google de decenas de millones de dólares en su emprendimiento DuoLingo". Sin embargo, falta ver el esfuerzo que Luis tuvo que hacer para llegar a ese momento:

- Estudió matemática graduándose Summa Cum Laude en Duke University en 2000.
- Estudió en Carneggie Mellon University su Ph.D. en Ciencias de la Computación en 2005.
- Ganó el prestigioso premio MacArthur Fellowship en 2006.
- Vendió a Google la compañía reCAPTCHA en 2009.
- Recibió decenas de reconocimientos del 2009 al 2015.

¿Su éxito fue instantáneo o fue el resultado de un trabajo sostenido y consistente, enfocado en una ruta de excelencia?

He tenido casos de emprendedores que a los pocos meses de iniciar el desarrollo de su proyecto, me dicen: "Voy a probar emplearme de nuevo, pues nada me funciona". En algunos meses, decir que nada funciona es ser muy drástico con la evaluación de cualquier trabajo. Quienes han trascendido no lo han hecho a la primera, sino luego de ser consistentes frente a múltiples aprendizajes.

¿Angry Birds es un éxito? Al ver sus más de dos billones de descargas, sin duda podemos decir que sí. Sin embargo, falta analizar su caso y ver que ese éxito de la empresa Rovio llegó luego de más de cincuenta versiones de juegos que no fueron tan populares. El juego es la versión número cincuenta y dos, y surgió seis años después de que los tres jóvenes de Helsinki, Finlandia, decidieron emprender, en 2009. La clave está en el foco sostenido. Emprender no es una carrera de velocidad, sino una maratón.

De Yo, S.A. a Todos, S.A.

En la primera edición de *La Travesía del Emprendimiento* hablé de un "Yo, S.A.", esa primera empresa que formamos al descubrir nuestro llamado. Durante estos años, he aprendido que ese primer emprendimiento se vuelve un "Nosotros, S.A." cuando invitamos a otras personas a acompañarnos en esa travesía. Y también descubrí que debemos cambiar nuestra percepción de simplemente lograr el éxito a alcanzar trascendencia. He despertado a la conciencia colectiva y he descubierto que lo que hacemos tiene gran impacto a nuestro alrededor. Talvez suena lógico, pero muchas veces nuestra mirada se queda en nosotros mismos y hace falta ver a los demás, conscientes de que lo que hacemos impacta al planeta y a nuestra comunidad. ¡Lo que hacemos impacta nuestra generación! Es acá en donde el llamado a emprender debería volcarse hacia un Todos, S.A. Es decir, multiplicar en otras personas el deseo de salir de la esclavitud, de la caverna y trascender. Ir más allá de los dos imperativos de utilidad y gente, para alcanzar un proyecto que incorpore la sostenibilidad. Un buen parámetro de que vamos migrando al pensamiento "Todos, S.A." es responder la pregunta ¿cómo podrías impactar a un billón de personas en los próximos diez años en alguno de los retos de la humanidad?

La travesía del emprendimiento está vigente

Mi principal aprendizaje en estos años es que los principios que compartí en *La Travesía del Emprendimiento* son válidos, reales y poderosos.

En estos años he visto el nacimiento de fundaciones, restaurantes, revistas, aplicaciones para teléfonos inteligentes, juegos en línea, simuladores, empresas que ofrecen servicios profesionales, emprendimientos de algunos colaboradores cercanos y también de competidores. También he visto el nacimiento de emprendimientos corporativos, donde gerentes de importantes multinacionales descubren su llamado y la forma de alcanzarlo dentro de sus empresas. ¡Ha sido emocionante y gratificante!

He visto que los proyectos de innovación, el prototipaje, el lanzamiento de nuevas unidades son la forma de perpetuar ese espíritu de emprendimiento con el que se iniciaron las empresas. Esa es una poderosa forma de retener a las personas que "ya habían renunciado pero que seguían allí". Descubrí que la renuncia emocional y la permanencia física es algo común en las empresas y que compartirles estos principios se convirtió en efectivo mecanismo para aumentar el compromiso a lo interno.

Son cientos de miles de personas a quienes he compartido estos principios en mis talleres presenciales, por medio de EmprendeU.com y a través de las publicaciones físicas o digitales de *La travesía del emprendimiento*. He tenido el privilegio de escuchar la frase: "Ahora hago lo que amo" muchísimas veces y es el regalo más valioso que he recibido, porque vuelvo a creer en mis sueños y en el poder transformador que tienen las ideas. Me emociono cada vez que veo la sonrisa de una persona que ha descubierto su llamado, y ha combinado su pasión y talento. Cientos de miles de personas van saliendo de su caverna y están inspirando a otras a ser una mejor versión de sí mismas. Deseo que esta nueva versión de *La travesía* pueda servirte para volver a soñar y a emprender el increíble viaje de construir la empresa de tu vida.

Julio Zelaya
Santo Domingo, República Dominicana
20 de junio 2015

POR QUÉ LEER ESTE LIBRO

Razón 1: Las estadísticas no están a favor de quien no se prepara

Emprendimiento	Mitos y Realidades[1]	EVIDENCIAS
Los emprendedores suelen iniciar empresas de servicios.	Realidad	Se estima que entre 35 y 40% de nuevos negocios inician en industrias de servicios.
Los emprendedores inician empresas donde hay poca competencia.	Mito	La mayoría de emprendedores inicia negocios en industrias donde operan muchas otras empresas.
Los emprendedores inician empresas en industrias en donde es fácil empezar.	Realidad	La mayoría de emprendedores inician una empresa en industrias donde es fácil entrar. El índice de fracaso es más alto en estos casos que en industrias donde es más complejo entrar.
Los emprendedores inician negocios en la industria donde trabajaban previamente.	Realidad	45% de los emprendimientos empiezan en la industria donde trabajaba el emprendedor.
Existen características psicológicas que distinguen al emprendedor de quien no es emprendedor.	Mito	No existe evidencia contundente que demuestre diferencias significativas entre emprendedores y no emprendedores.
La razón principal por la que una persona emprende un negocio es para hacer dinero.	Mito	La razón verdadera por la que una persona inicia un negocio es porque no les gusta trabajar para alguien más.
Veinte años es la edad promedio del emprendedor que inicia un negocio.	Mito	La edad más común para fundar una empresa es entre lo treinta y cinco y los cuarenta y cuatro años.

---

[1] Shane, Scott (2008). *The Illusions of Entrepreneurship*. Estados Unidos: Yale University Press.

Una mayor experiencia laboral incrementa las posibilidades de que una persona inicie un negocio.	Realidad	La experiencia laboral aumenta la posibilidad de iniciar una empresa.
Una mejor educación aumenta la posibilidad de que una persona inicie un negocio.	Realidad	La evidencia indica que adquirir educación incrementa la posibilidad de volverse empresario. Sin embargo, mayores grados académicos no aumentan la probabilidad de ser empresario.
Los emprendedores ofrecen productos y servicios únicos cuando inician negocios.	Mito	Únicamente 10% de las nuevas empresas ofrecen un producto o servicio que las demás empresas no ofrecen.
Los nuevos negocios crean fuentes de trabajo.	Mito	76% de las empresas nuevas no contratan personal. Tienen únicamente a un empleado, incluyendo al fundador.
Los emprendedores creen que el negocio les dará más dinero que su trabajo actual.	Mito	33% de los emprendedores creen que su nuevo negocio nunca será lo suficientemente grande como para sustituir su trabajo actual.
Los emprendedores raras veces acompañan su idea de un estudio formal.	Realidad	Los nuevos emprendedores, en general, hicieron poca o ninguna investigación formal, recopilaron poca o ninguna información sobre sus ideas de negocio.
Todos los emprendedores inician sus empresas con una idea clara de negocios.	Mito	40% de emprendedores inician una empresa antes de tener una idea de negocios.
Todos los negocios inician con un plan de negocios estructurado.	Mito	A la mayoría de emprendedores les toma al menos un año y medio escribir el plan de negocios.
La mayoría de empresas se fundan por un grupo de socios.	Mito	Entre 50 y 60% de todas las nuevas empresas son fundadas por un individuo.

La principal fuente de capital de nuevos negocios proviene de inversionistas externos.	Mito	La mayoría de emprendimientos surgen con ahorros del fundador.
Recibir un capital inicial aumenta las probabilidades de iniciar un negocio.	Mito	Estudios han demostrado que personas que ganan la lotería o reciben una herencia no necesariamente fundan un negocio.
Una fuente de financiamiento usual para nuevos negocios es la tarjeta de crédito.	Realidad	Aproximadamente 28.3% de los negocios nuevos ha sido fundado con recursos provenientes de tarjetas de crédito.
La familia o los amigos son importantes fuentes de financiamiento.	Mito	Únicamente 7.8% de nuevos negocios se iniciaron con fondos de amigos o familia.
La mayoría de nuevas empresas son exitosas.	Mito	Únicamente 45% de las nuevas empresas sobreviven los primeros cinco años y únicamente 30% sobreviven diez años.
Los emprendedores son más felices que los que trabajan para alguien más.	Realidad	Estudios muestran que las personas que trabajan para sí mismas son más felices que las que trabajan para otros.
Los empresarios ganan más que los empleados que trabajan para alguien más.	Mito	En promedio, el empresario gana 35% menos de lo que ganaría trabajando para alguien más. Al cabo de 25 años de ser empresario, la mayoría de personas ganan 25% menos de lo que ganarían trabajando para alguien más.
Los emprendedores trabajan menos horas que los que trabajan para alguien más.	Mito	En promedio, los emprendedores trabajan 15.4 horas más a la semana.

Me considero una persona optimista, sin embargo, te confieso que cuando leí las estadísticas sentí temor de ser empresario. ¿Sabes por qué coloqué este cuadro? Para prepararte y lograr que seas de la selecta minoría de empresarios exitosos. La buena noticia es que existen estudios que resumen lo que hacen los empresarios exitosos. Si aplicas los consejos de las siguientes páginas, incrementarás tus posibilidades de triunfar.

Razón 2: Más del 95% de empresarios desconocen las cinco principales razones de quiebra de nuevas empresas y ahora, tú las sabrás.

1. **Estrategias erráticas.** Pocas empresas cuentan con planes estratégicos claros. Por lo tanto, es común observar comportamientos erráticos, cambiantes en la estrategia de las empresas. La consecuencia es confusión en clientes, colaboradores y proveedores.

2. **Empresas familiares sin estructura.** Es común identificar empresas con dos o más miembros de la familia que no han diseñado la carta magna familiar o una junta directiva profesional. La consecuencia es enfrentar riñas internas, percepción de "yo estoy trabajando más que tú" y falta de desempeño real.

3. **Emprendedor fundador no preparado.** Con frecuencia los negocios fracasan por no buscar consejo profesional o por no integrar equipos profesionales de trabajo. Se emprende sin preparación de ningún tipo, más por la necesidad de empezar algo o por la emoción que implica un negocio.

4. **Falta de controles.** Suele suceder que las empresas nuevas quiebren por robos o por problemas de flujo de caja. Lo que sin duda se obedece a falta de controles.

5. **Falta de liquidez.** Cuando se inicia el negocio suele estimarse un escenario optimista, pero no uno más realista que considere gastos recurrentes, imprevistos y atrasos en los pagos de los clientes. La falta de flujo de efectivo y la iliquidez asociada es una causa de fracaso de nuevos negocios. ¿Quieres estar seguro de que tienes suficiente para empezar? Estima que nadie te comprará durante seis meses. Multiplica tus gastos fijos por esos seis meses y tendrás el monto para empezar.

Hay que querer el negocio pero no amarlo. El amor es ciego y no permitirá tomar buenas decisiones.
— Walter de la Cruz, Fundador Café Barista

Aquellos que fracasan en su planificación, planifican fracasar.
— George Hewell

Razón 3: Dedicarás 80% de tu vida a lo que haces, por lo que vale la pena descubrir tu propósito para no ser parte del 70% de la población que odia aquello a lo que se dedica.

La travesía: el poder de emprender trata sobre una de las decisiones más importantes que enfrentarás en tu vida: cómo vivir tu llamado, ya sea fundando una empresa o como parte del staff de alguna. Esta es una decisión crucial, porque en alguna medida, influirá en el éxito que tengas en el área espiritual, personal, familiar y social. Piénsalo, dedicamos más horas a nuestro trabajo que a cualquier otra actividad. Nuestro tiempo de vida es único y es demasiado limitado para desperdiciarlo haciendo aquello para lo que no fuimos llamados.

Existen tres tipos de visiones hacia nuestras labores diarias:

- Algunas personas lo ven como un *trabajo*. Como su nombre indica, es una labor, la forma de obtener un pago.

- Algunas personas lo ven como una *carrera*. Como su nombre indica, es un proceso para ir avanzando, escalando en la ruta de un trabajo a otro que brinde más beneficios.

- Finalmente, algunas personas lo ven como su *llamado* o *propósito*. Como su nombre indica, es algo más fuerte y profundo, es algo para lo que nacimos y que define un plan superior.

Independientemente de lo que hagas todos los días, puedes estar en cualquiera de las tres situaciones. Ejecutivo, maestro, líder espiritual, escritor, personal de limpieza, cocinero, taxista, albañil, ingeniero. Existe una visión de la vida en cualquiera de las tres dimensiones. ¿Cuál eres tú? ¿Cuál quisieras ser?

¿Cómo te levantas por las mañanas? Piensas: "¡Qué horrible ir a ese odiado trabajo aunque por lo menos me pagan!" o al contrario: "¡Qué alegría hacer lo que me gusta y para lo que soy bueno!". Esa frase, por sencilla que parezca, determina el humor y ánimo que tendrá el resto del día y es una poderosa pista que te indica si estás haciendo aquello para lo que fuiste llamado. Me gustó mucho la frase que decía Steve Jobs en su discurso de Stanford: "Si llevo varios días levantándome para hacer algo que no me gusta, debería hacer un cambio".

> *Vive tratando de realizar muchas de las cosas que siempre has soñado*
> *y no te quedará tiempo para sentirte mal.*
> *– Richard Bach*

Recientemente, tuve el privilegio de terminar una certificación en la universidad más reconocida del mundo en temas de emprendimiento, Babson College. En una conversación muy amena con su presidente, Len Schlesinger, él se planteó esta reflexión: "Si durante mi gestión como presidente de Babson, la institución decayera en algunos de los rankings mundiales en los que ha sido número uno durante quince años, ¿qué podría decir en una conferencia de prensa?" Me comentó que en realidad, ese fue su primer gran reto al asumir su posición. Luego de meditarlo y discutirlo con los equipos que integran la escuela, se dio cuenta de algo que cambió su forma de ver el problema: "Estábamos más enfocados en el resultado final, en ser número uno que en disfrutar lo que hacíamos, enseñar y vivir el emprendimiento como una forma de cambiar al mundo".

Al respecto, también me compartió que una fuente de inspiración para el cambio que iniciaron fue la estrategia de un grupo de rock llamado *The Grateful Dead*. Ellos fueron los primeros en hacer algo que parecía inaudito para un grupo musical. En las entradas de sus conciertos, a ciertas personas, en lugar de registrarlos para evitar que llevaran cámaras de vídeo o grabadoras, les reservaban lugares preferentes en primeras filas para que pudieran grabar mejor el concierto. Los estimulaban a traer su equipo de grabación y hacer de ese concierto, *su* concierto. Cuando les preguntaban por qué habían hecho semejante cosa que podría impactar negativamente sus ventas de discos, ellos contestaron: "Somos la única banda que en realidad pone en primer lugar a sus clientes, los fanáticos." Por supuesto, las ventas siempre estaban bien, porque lo que hacía la banda gustaba a su público. Len me mostró que Babson había dejado de enfocarse en la meta para concentrarse en el proceso que les llevaría a cumplir la meta. Así me invitó a pensar de una forma revolucionaria: "¿Por qué competir por ser el mejor, cuando puedes ser el único?" Sin duda, Babson College lo está logrando. Sus profesores disfrutan enseñar y los estudiantes disfrutan estar allí. ¡Están haciendo lo que quieren hacer!

Del otro lado de la moneda, también disfruto el privilegio de participar en diversas directivas y reuniones con grupos gerenciales de empresas en la región. Cierta vez, me impactó una organización, ya que a pesar de ser de las más grandes del mundo, de disfrutar de posiciones preferentes en los mercados que sirve, de contar con los más sofisticados sistemas de compensación y desarrollo del talento, a pesar de todo eso, muchos de sus ejecutivos me abordaron para decirme: "¿Sabe?, si pudiera, estaría haciendo algo diferente a lo que hago." No fue un caso aislado, no suele serlo en las empresas donde participo. Muchas personas, incluso los presidentes ejecutivos, pierden ese brillo en los ojos y se cuestionan: "¿Realmente estoy haciendo lo que quiero hacer con mi vida?" Algunos me han dicho: "Es que ya estoy muy grande para hacer un cambio"; otros dicen: "Es que usted no entiende que ya no puedo darle a mi familia un status distinto al que les doy"; incluso otros aseguran: "Es que sin este trabajo, no podría darle a mi familia lo que necesita". Curiosamente, enfrentaban la misma dinámica que estaba viviendo Babson. Todos se habían enfocado en "no perder lo que tengo" más que en "tendré lo que tengo si hago lo que quiero".

Hacer lo que quiero es ese llamado que todos tenemos. Es esa fuerza que nos motiva en secreto, es ese problema que solo tú puede resolver. Simon Sinek dijo: "Existen líderes y existen aquellos que lideran. Los primeros tienen un título y los segundos inspiran y mueven el mundo." ¿En este tiempo, harás lo que quieres hacer? ¿Harás lo que debes hacer? A veces, disfrutar de una vida extraordinaria implica tomar decisiones que parecen ordinarias, pero que nos encaminan a ser la mejor versión de nosotros mismos, lo cual nos abre la puerta al equilibrio y a la realización.

Entonces, ¿por qué leer este libro? Porque somos soñadores con visión de futuro y deseo de vivir plenamente. Este libro es para personas convencidas de que es posible reinventarse y hacer cosas realmente extraordinarias. Este libro es para personas que desean impactar su vida, a su familia, su trabajo y nación, aportando su talento para lograr un mundo mejor.

Este no es un libro motivacional. Está basado en hallazgos que recogen disciplinas tan diversas como el emprendimiento, las ciencias administrativas, la psicología social, la antropología, la filosofía y el desempeño humano en general. Además, es un recorrido por mi propia experiencia trabajando alrededor del mundo con personas y todo tipo de empresas del sector público y privado, con y sin fines de lucro. También es un recorrido hacia nuestra propia vida para hacernos preguntas poderosas que podrán determinar si el camino que estamos recorriendo es el correcto o si deberíamos virar hacia otra dirección.

Este libro es para personas con mentalidad de crecimiento y abundancia, y también para aquellos con mentalidad un poco más rígida, pues será enriquecedor que descubras el apasionante mundo de los negocios, de los sueños y sobre todo, de las realidades positivas de las que puedes aprender. ¡Tú puedes alcanzar todo lo que te propongas! Y para lograrlo, debes aprender antes de emprender, por eso, este libro es para ti.

Cómo está estructurado este libro

Este libro está dividido en tres grandes momentos:

Yo, S.A.

Cómo descubro lo que fui llamado a emprender.

Nosotros, S.A.

Cómo invito a otras personas a compartir mi llamado y cómo lo inicio.

Todos, S.A

Cómo convierto mi llamado en algo que trascienda e impacte exponencialmente.

YO, S.A.

1

La decisión de emprender

Una onza de experiencia vale más que una libra de teoría.
– Benjamín Franklin.

"No tienes talento para participar en el coro de la Catedral de Liverpool", fueron las palabras que marcaron a un joven. Él amaba cantar, pero odiaba las clases de canto. ¿Se quedaría con esa sentencia? Decidió hacer algo al respecto. De hecho, fue tal su determinación que fundó una institución dedicada a desarrollar el talento musical, El Liverpool Institute for Performing Arts. ¿De quién estoy hablando? De nada más y nada menos Paul McCartney, reconocido como el compositor más exitoso de la historia, con más de sesenta discos de oro, y ventas de más de cien millones de discos. Más de 2 mil artistas del mundo han interpretado versiones de su canción Yesterday, convirtiéndola en la pieza musical con copyright más interpretada hasta el momento. Este y muchos otros ejemplos nos motivan a pensar: "¿Quién define el destino de la empresa más importante que tendrás en tu vida, esa que podríamos llamar Yo, S.A.?"

Me encanta leer. He leído mucho desde pequeño y los libros que más me impactan son aquellos que me dicen "el cómo", es decir, tienen una aplicación práctica. Es fácil escribir sobre "el qué", describir y definir algo, pero es un poco más retador escribir sobre la forma de lograrlo. Por ejemplo, puedo decir mucho sobre negocios, pero tú pensarías: "¿Cómo lo hago?, ¿cómo alcanzo lo que quiero?" Esas son las preguntas importantes. Para escribir sobre "el cómo", es necesario vivir la experiencia que nos permita describir aprendizajes y determinar qué haría o qué no haría de nuevo, contrastar la realidad con la teoría. Como imaginarás, escribir sobre emprendimiento implica desafíos particulares.

En primer lugar, no existen recetas para ser exitoso en los negocios. Siempre hay un elemento de variabilidad que hace único cada caso particular. En segundo lugar, sería ingenuo de mi parte pensar que he vivido suficiente o conozco lo suficiente para presentar fórmulas mágicas aplicables a cualquier negocio. Sin embargo, al ser lector y empresario, he llegado a concluir que nuestro tiempo para leer es cada vez más corto y buscamos herramientas, más que largos tratados sobre teoría. Por eso es que esta versión actualizada de *La travesía del emprendimiento* te ofrece herramientas, aplicaciones y mejores prácticas.

Ahora podrás hacer el ejercicio de plantearte las preguntas: "¿Cuándo emprender y en qué área?, ¿cómo planifico este emprendimiento?" Abordaremos los temas tomando como base tu decisión de iniciar un proyecto de emprendimiento y tu deseo por reconocerte como empresario. Juntos diseñaremos un plan de negocios coherente y contundente. Posteriormente, caminaremos por las distintas etapas que debe superar un empresario. Si ya tienes un negocio o estás pensando en iniciarlo, este libro está diseñado para ti. Las herramientas que te ofreceré te ayudarán a crecer en tu negocio o iniciarlo con mayores posibilidades de éxito, ya que conocerás las mejores prácticas del mundo y las más exitosas en Latinoamérica.

Los negocios han sido mi pasión desde que tengo memoria. Particularmente, enseñar sobre ellos. Me he dedicado a analizar mis aciertos y fracasos, así como a tratar de entender los aciertos y fracasos de miles de empresarios y empresarias que conozco personalmente o a través de los libros. Mi llamado es acompañarte para que retomes tus sueños y los hagas realidad. Te retaré para que constantemente te preguntes: "¿Qué estoy haciendo hoy por alcanzar mis sueños y por ser la mejor versión de mí?" Avancemos juntos en la travesía que cambiará tu vida y la de quienes te rodean, la *Travesía del Emprendimiento*.

Solo las personas que se atreven a ir demasiado lejos logran
descubrir hasta dónde pueden llegar.
– T.S. Eliot

De sueños y diálogo interno

Toda empresa nace con un sueño, pero antes nace un soñador. ¿Recuerdas tu infancia? Cuando eras niño, soñabas. Soñabas con lo ilimitado, con ser bombero, astronauta, científico, ser un médico que curaba, un policía que ofrecía seguridad. ¿Qué sucedió cuando crecimos? Al crecer, escuchamos a muchas personas que nos daban razones coherentes sobre la imposibilidad de ser lo que soñábamos, porque era imposible alcanzar grandes cosas y porque debíamos acomodarnos a vivir la vida de alguien más. ¿Has pensado que usualmente vivimos los sueños de otra persona? Vivimos el sueño que le traerá felicidad a mi padre, madre, esposa, esposo, hijos, hijas, amigos, jefes, vecinos, pero dejamos de último ese sueño que Dios nos confió, el que es únicamente nuestro y es nuestra responsabilidad hacer realidad. La decisión está en tus manos. Hay personas que deciden emprender por sus sueños y otras, que tristemente son la mayoría, pasan su vida en la rutina y monotonía de vivir cumpliendo los sueños de alguien más.

Nunca olvidaré una experiencia con un alto ejecutivo que conocí. La gerente de recursos humanos que me citó a la empresa y me dijo: "Julio, quizá usted puede ayudarlo". Me comentó que la gente lo consideraba un déspota, un ogro, y que la gente se apartaba ante su presencia. El simple hecho de conocerle era algo interesante para mí, una persona de gran trayectoria, que salía en portadas de revistas de negocios y en periódicos. La oportunidad de ayudarle a encontrar esa pasión en su trabajo era aún más interesante para mí. Cuando llegué a las oficinas a la cita, la gerente de recursos humanos me dijo "Bueno, buena suerte", y empezó a caminar hacia la salida. "¿Usted no me acompañará?", pregunté. "¡No, de ninguna manera!", me dijo. "Él ni sabe de qué se trata la reunión, pero espero que pueda ayudarle". ¡Vaya manera de prepararme!

Entré a la oficina y allí estaba él, sentado frente a su escritorio, absorto en su computadora. No alzó la vista para verme, pero murmuró "Siéntese". Me senté, expectante. "Y bien, qué quiere", me dijo desafiante. "Tengo cinco minutos para usted".

"Me da mucho gusto conocerle. En realidad quisiera que me ayudara con algunas preguntas. Investigo sobre emprendimiento y usted es una persona muy influyente en el medio. Me encantará tener la oportunidad de documentar su éxito", respondí. "No hay secretos, trabaja duro y ya", me dijo. "¿Algo más que pueda hacer por usted?" No iba a avanzar mucho de esa forma, pero pensé en hacerle un par de preguntas más. "Si fuera a dejarle a sus hijos un solo consejo para guiar su vida, ¿cuál sería?", continué. "Ya le dije, que trabajen y trabajen. No hay atajos". Sentenció. "¿Y usted, con qué soñaba cuando era niño?", proseguí.

Esa fue la pregunta que cambió todo. Su rostro se transformó. Se quedó en silencio. Dejó su computadora, volteó su silla y me vio como congelado, por lo que sentí que esos segundos fueron décadas. Su mirada permanecía fija y casi podía escucharse el aletear de un zancudo. Pensé que me gritaría, que me sacaría de su oficina. Imaginé mil escenarios en esos segundos. Sin embargo, él se paró y empezó a caminar hacia un clóset que tenía en su oficina. Acá fue donde realmente me preocupé. ¿Me llevaría a Narnia?, pensaba, tratando de encontrarle humor a esos minutos. Se paró en frente al armario, pasó unos segundos allí y finalmente lo abrió.

Adentro, había una vieja guitarra. Se notaba que tenía mucho tiempo. La tomó, con un aire de melancolía y se dirigió hacia mí. "Esto es lo que quería hacer de niño", me dijo. "Pero mi padre en su lecho de muerte me dijo: 'espero que dirijas esta empresa, pues no perdonaría nunca que no continuaras lo que construí con tanto esfuerzo' y yo obedecí".

¿Cómo podía este ejecutivo ver con buenos ojos lo que hacía todos los días si era un recordatorio de la razón por la que no había emprendido lo que en realidad deseaba? Con el tiempo, nos hicimos amigos y puedo decir que ahora está aprendiendo a tocar guitarra. Ahora, alguien más dirige la empresa. Finalmente descubrió que había alguien en la compañía que amaría ese trabajo, y tanto la empresa como él, están mejor.

Sabiduría de niños

¿Qué soñabas cuando eras niño? Te recomiendo tener un cuaderno o block de notas a la mano mientras lees el libro, ya que realizaremos varios ejercicios interesantes. Anota tus sueños de niño en dicho cuaderno, sé lo más específico que puedas.

Tendría unos ocho años cuando junté varios artículos de la casa en un frasco y lo etiqueté "Mediopetril". Era una grotesca mezcla de vaselina, colorantes, plastilina, agua, y otras cosas que había encontrado por ahí. Según yo, curaba toda enfermedad. En ese tiempo, mi papá trabajaba en una farmacéutica y le pedí una cita en la empresa para presentarle mi idea. Mi padre me preguntó sobre las pruebas de que el producto curaba todo y le contesté: "Lo probé con mis tortugas y se murieron, pero es porque no es para animales; por eso quiero ir a la farmacéutica". ¡Imagina esa escena! Un momento crítico en la vida de un niño. Recuerdo que sin vacilar, mi padre me dijo: "Cuenta con eso, pero tendrás que prepararte". Mi madre también me motivó a que preparara lo que haría al tener la cita. Pasaron unos días y finalmente, mi papá anunció: "Mañana te arreglas pues te conseguí reunión con los gerentes." Ilusionado, preparé mi traje, mi pócima y varios dibujos que había hecho y acudí a la cita. Efectivamente, estaba un grupo de gerentes esperándome. Hice mi presentación, sin que ninguno de ellos se burlara o me viera de menos. Seguramente, mi papá les había explicado. Al terminar, uno de ellos se quitó su reloj y sacó un libro de su maleta. Me dijo algo que nunca olvidaré: "Te doy este reloj para que sea tu primer capital de trabajo y para que sigas con este sueño. También te doy este libro, *El mejor vendedor del mundo* para que te sigas preparando". Políticamente me dijeron que debía seguir investigando, que el proceso para presentar el producto debía continuar y que seguramente tendría la oportunidad de hacerlo. Nunca sentí que fuera imposible. Mi papá y mi mamá me recibieron en casa, celebrando que había hecho una importante reunión de negocios. ¡Todos podemos liberar o sentenciar a muerte los sueños!

¿Por qué esta obra se llama *La travesía*? Porque deseo que recuerdes que lo más importante de emprender es disfrutar del camino. La meta no es lo único valioso, ya que disfrutar del proceso también lo es. Por eso hablamos tanto de la sabiduría de los niños, porque debemos aprender de ellos a disfrutar de nuestros procesos.

Los nacimientos de mis hijos fueron acontecimientos que marcaron mi vida. Te soy honesto, es de los eventos que más miedo me han dado. Verlos tan indefensos y dependientes de mí me daba temor y constantemente pensaba: "Y si no soy un buen ejemplo". Poco a poco, el amor hacia ellos fue desplazando el temor y me permitió vivir una paternidad plena. Mis dos hijos, Juan Ignacio y Natalia, me han enseñado a recobrar la capacidad de asombro y a percibir el mundo con nuevos ojos. ¿Qué me han enseñado de la vida mis dos maestros?

1. **Los niños son humildes.** Reconocen que necesitan ayuda. Con el tiempo, olvidamos ser humildes. Humilde viene del latín humĭlis y se relaciona con ser pequeño. Olvidamos reconocernos indefensos, vulnerables o en búsqueda de dirección. Olvidamos que podemos morir al contagiarnos por una bacteria o un virus microscópico. Buscamos la validación por lo que tenemos o hacemos, no por lo que somos. ¿Seguimos siendo humildes – pequeños?

2. **Los niños no buscan ser felices, son felices.** Con el tiempo, olvidamos que la felicidad es un estado y no una meta. Crecemos y colocamos como la meta máxima de la vida ser felices, cuando eso

podríamos alcanzarlo hoy y ahora. Pensamos que seremos felices cuando... "Cuando tenga dinero, cuando tenga trabajo, cuando pase algo". ¿Somos felices, hoy y ahora? ¿Qué nos detiene a vivir ese estado de agradecimiento por lo que sí tenemos?

3. **Los niños no saben de limitaciones, saben de posibilidades.** Con el tiempo, olvidamos que ser astronauta es posible. Nos volvemos adultos y en lugar de pensar en lo que podríamos ser, creemos en lo que los demás dicen de nosotros. Si nos dicen que no es posible, lo creemos, y hacemos a un lado ese mundo de posibilidades que visualizábamos cuando éramos niños. ¿Vemos oportunidades?

4. **Los niños no sufren por el mañana, viven intensamente el presente.** Con el tiempo, postergamos la posibilidad de disfrutar del presente por preocuparnos del mañana. Olvidamos jugar, gozar de las pequeñas cosas gratuitas y decidimos: "Quizá estaré con mi familia cuando tenga más tiempo". ¿Tenemos tiempo para vivir, para realmente vivir?

5. **Los niños no buscan momentos especiales para expresar su afecto, simplemente lo hacen.** Con el tiempo, olvidamos decir: "Te amo" o "Gracias". Postergamos el momento para expresar lo que sentimos hasta encontrar el tiempo oportuno o especial. Las palabras más sencillas tendrían el mismo efecto hoy y ahora. ¿Le has dicho a tus seres queridos que los amas?

6. **Los niños no dudan de que tendrán provisión, confían en que se les proveerá.** Con el tiempo, olvidamos que podemos tener fe, que podemos confiar en Dios y en que nuestras necesidades serán cubiertas. ¿Tienes fe en la provisión de Dios?

Y llamando Jesús a un niño, lo puso en medio de ellos, y dijo: De cierto os digo, que si no os volvéis y os hacéis como niños, no entraréis en el reino de los cielos. Así que, cualquiera que se humille como este niño, ése es el mayor en el reino de los cielos. (Mateo 18:2–4)

Aprendamos de los niños. Seamos adultos, pero niños a la vez en lo que se refiere a la capacidad de soñar, de tener fe y de ser felices visualizando el mundo como un espacio de posibilidades. Tomemos la decisión de ser personas y emprendedores que viven con propósito, que han vuelto a lo básico, a ver todo con ojos frescos y optimistas.

Quizá por esa actitud positiva, emprender es más fácil a cierta edad, cuando podríamos decir que estamos jóvenes o cuando nos sentimos así, porque realmente la juventud no está vinculada a la edad, sino a nuestro enfoque, si no has perdido tu capacidad de asombro, si tienes ilusión por vivir y plenamente, y si crees que los cambios son posibles y necesarios, ¡eres joven!

Ahora, analicemos esto de los sueños, desde otra perspectiva. ¿Qué le dices a tus hijos cuando te comparten sus sueños? ¿Qué le dices a tu pareja cuando sueña? ¿Qué te dices cuando sueñas?

El reverendo Milton Wright, obispo protestante de la Iglesia Unidad Fraterna en Iowa, tenía una particular visión de lo que le esperaba a la Humanidad en el siglo XX. En una entrevista con el rector de una universidad de la costa oeste de Estados Unidos, lo dejó muy claro. El rector le preguntó: "¿El mundo se va a acabar?" A lo que el reverendo contestó: "Sí, estoy convencido de ello. El fin no puede tardar en llegar. Si analizamos bien las cosas, ya se ha descubierto todo lo que había que descubrirse. El hombre ya ha inventado todo lo que podía inventar. Eso es señal de que el mundo llega a su fin." El rector, un tanto asustado, le dijo: "Pues… yo creo que no pasarán muchos años sin que los humanos aprendamos a volar." Y el reverendo replicó: "¡Qué tontería! Si Dios hubiera querido que el hombre volara le hubiera dado alas, señor mío, no blasfeme. Los humanos nunca volarán. Nunca. Volar está reservado a los pájaros y a los ángeles."

El obispo Wright tenía dos hijos, Orville y Wilbur. Dos hijos que afortunadamente tenían una visión diferente a la de su padre. Ellos, los hermanos Wright, fueron quienes, al perfeccionar el aeroplano, concretaron el sueño del hombre de volar. No sabemos qué les decía su padre cuando eran niños, pero si era tan negativamente aplastante como las palabras de la entrevista, podemos concluir que los hermanos utilizaron las palabras del padre como viento en contra para literalmente hacer volar sus sueños.

Programa tus creencias y palabras

Para analizarte como emprendedor, analiza lo que dices. ¿Generalmente eres positivo o negativo? ¿Qué pensará de ti alguien que te conoce? ¿Dirías que tienes palabras de aliento o eres portador de malas noticias? Las preguntas que te hago tienen un fundamento científico para lograr tus sueños. Lo explicaremos en breve. Mientras tanto, te dejo dos valiosas reflexiones: "El pesimista es aquella persona que, aunque le dé la luz, él solo puede ver la sombra." "Para el optimista podemos estar bastante cerca de algo; para el pesimista, aún estaremos algo lejos". En la Biblia, el Proverbio 18:20–21 dice: *Del fruto de la boca del hombre se llena su vientre; se sacia del producto de sus labios. La muerte y la vida están en poder de la lengua; el que la ama, comerá de sus frutos.* Así que reprograma tu mente para hablar solo palabras con enfoque positivo, porque nuestra boca tiene poder.

¿Quieres otra razón para reprogramar tu pensamiento y tus creencias? Anthony Robbins, el coach más reconocido a nivel mundial, resume estos principios en un diagrama circular:

11

Si crees que tienes bajo potencial, también creerás que no puedes lograr mucho en la vida. En consecuencia, actuarás de forma mediocre y no buscarás la excelencia, por lo que obtendrás pobres resultados, lo que confirmará tu percepción sobre tu potencial, reafirmará tus creencias, ¡y el círculo no terminará!

En cambio, quien cree que tu potencial es ilimitado, también creerás que puedes lograr grandes cosas en la vida, lo que te llevará a actuar de forma consistentemente excelente. Así que lograrás buenos resultados, que te confirmarán tu buena percepción sobre tu potencial, reafirmarán creencias, y ¡el círculo continuará!

¿Cómo están tus resultados? Quizá sea tiempo de examinar tu percepción de potencial y tus creencias para que tus acciones y resultados se alineen positivamente.

Piensa en tu sueño más grande. Ahora anota en tu cuaderno especial los pensamientos que vienen automáticamente cuando lo piensas. ¿Qué dicen los pensamientos que escribiste? ¿Te alientan a seguir adelante o te convencen de que estás equivocado? Una de las cosas más fascinantes del cerebro es que no sabe distinguir entre realidad y fantasía, por lo tanto, tu cerebro interpreta y almacena lo que dices como si fuera una realidad. Por ejemplo, si piensas: "No lo lograré", tu cerebro almacena: "No lo logrará". Si piensas: "Lo lograré", tu cerebro almacena: "Lo logrará".

Podrás hacer realidad tus sueños en la medida que hables positivamente sobre ellos.

Si estás estudiando para un examen, podrías pensar: "No voy a fallar este examen", sin embargo, sería mejor si pensaras y dijeras: "Voy a pasar este examen" o "Ya pasé este examen". Esta forma de pensar te ayudará a programarte positivamente. Tu cerebro lo almacenará como " pasaré este examen".

Si decides emprender, la mayor batalla estará en tu mente. Por ello, lo primero que te recomiendo es entrenarla para pensar positivamente.

Cada año suelo hablar con miles de personas en mis talleres. Una de mis preguntas recurrentes es: "¿Cuál es uno de tus sueños?", y veo cinco tipos de respuestas:

- Las personas que hablan en tono de resignación de sus sueños: "Ya estoy grande para eso", "No tengo el dinero para eso", "Ya dejé de creer en esas cosas."

- Las personas que hablan de los sueños de otros: "Sueño con ver a mis hijos graduándose de la universidad", "Sueño con dejarle algo a mis papás."

- Las personas que hablan de sueños propios en tono peyorativo: "Quisiera poner un negocito", "Sé que no puedo aspirar a mucho, pero algo haré."

- Las personas que hablan de sus sueños inmediatos o de largo plazo: "Quisiera pagar mi casa". "Quisiera ascender profesionalmente.".

- Las personas que hablan de sueños que cambiarían el mundo: "Sueño con ver mi país transformado", "Anhelo que todas las personas de mi país puedan leer y escribir."

¿Cuál crees que es el más común? Curiosamente, la combinación de los tres primeros. Son pocas las personas que desean algo más grande que sí mismas, aunque tengan la capacidad y el llamado para hacerlo. Cuando se atreven a soñar con posibilidades, automáticamente entra el mecanismo de corrección que les dice: "Pero no tienes el dinero", "Pero ya estás casado y con hijos", "Pero..."

Las personas que logran sus sueños suelen pensar y hablar sobre ellos positivamente, como si ya los hubieran alcanzado. En tu cuaderno, escribe positivamente los pensamientos acerca de tu sueño.

Peter Diamandis nació en el Bronx en 1961. Sus padres, inmigrantes griegos estaban en el negocio de la medicina. La pasión de Peter por el espacio exterior era evidente desde niño. A los ocho años, daba conferencias a sus amigos sobre lo que sería explorar el Universo. A los doce años, había ganado un concurso por el diseño de un sistema que podía lanzar tres cohetes simultáneamente. Se graduó de MIT en temas de astronáutica, y en Harvard de médico. Trabajó en la NASA en diversas investigaciones sobre el espacio. "Mi sueño siempre ha sido conocer el espacio", contaba en la charla donde le conocí. "Sin embargo, hubo muchos obstáculos". Usando todos sus contactos y un profundo deseo por resolver el tema de la exploración espacial, decidió, inspirado en la historia de Charles Lindbergh *The Spirit of St. Louis*, crear una competencia para quien pudiera resolverlo. En una conferencia de prensa anunció que daría $10 millones a quien proporcionara la mejor tecnología para transportar privadamente pasajeros al espacio. La competencia, llamada XPRIZE, nació un 18 de mayo de 1996. Cuando alguien le preguntó a Peter sobre el dinero, declaró: "El dinero no lo he recaudado, pero fluirá al tener las ideas". Muchas personas le dijeron que no a su iniciativa de inversión. Peter me contó que fueron decenas de CEO's quienes le dijeron que no darían fondos para su premio. Finalmente, luego de leer la historia de una joven ejecutiva que se había vuelto billonaria al vender su compañía y darse cuenta de que ella también soñaba con el espacio exterior, se unieron para formar lo que ahora es llamado el Ansari XPRIZE, en honor a la familia. Hoy, muchos años después, el equipo ganador del premio ha vendido la tecnología a Richard Branson, y se ha fundado la empresa Virgin Galactic. Peter es miembro de la directiva y es cuestión de poco tiempo que su sueño se convierta en una realidad. ¿Soñaste con ser astronauta, pero te dijeron que estabas loco? A Peter se lo dijeron decenas de personas. Hoy, está haciéndolo posible para toda la humanidad.

Secretaría cerebral: el sistema de activación reticular

¿Has notado que las personas que alcanzan sus sueños hablan apasionadamente sobre ellos? En cada persona ven una oportunidad para compartir esa visión y hacerla realidad. ¿Sabes que esa actitud tiene una explicación científica?

Te invito a que hagas un experimento. Escucha en este momento todo lo que te rodea. Te darás cuenta de que hay sonidos a los que no les habías prestado atención: las hojas de este libro, un pájaro que canta afuera, el sonido del tráfico, el sonido de alguien tecleando una computadora cercana, el aire acondicionado de tu oficina… Escucha todo lo que estaba allí y que no habías percibido. ¿Sorprendido?

Ahora te reto a un segundo experimento. Lee cuidadosamente esta pregunta: ¿Has notado cuántos automóviles blancos hay en la ciudad? Si lo has meditado con cuidado, te garantizo que cuando salgas a la calle, descubrirás que nunca habías notado cuántos carros blancos hay. ¡Verás carros blancos por todas partes! ¿Por qué sucede esto? Nuestro cerebro cuenta con una función llamada sistema de activación reticular, o lo que mi mentora Sharon Bowman llama secretaría cerebral.

Su función es enfocarnos en lo importante y bloquear lo demás. Si no pudieras bloquear ciertos estímulos, vivirías en un constante estado de alerta que te impediría ser productivo. Podrías escuchar todos los sonidos al mismo tiempo, sin distinguir cuál es importante y cuál no. ¿Empiezas a descubrir por qué es valioso hablar de los sueños? Las personas que alcanzan sus sueños hablan de ellos y logran lo que desean por tres razones:

1. Programan su cerebro. En la medida que van perfilando sus metas y las comparten, su sistema de activación reticular constantemente compara su sueño con lo que hay en el entorno y le dice: "Esto te servirá para alcanzarlo". Si tienes claro y compartes que tu sueño es abrir el mejor restaurante del país, todo cuanto te rodea servirá como insumo para mejorar esa idea, y eventualmente la convertirás en realidad.

2. Tejen una red de simpatizantes. Al compartir tus sueños identificas personas que tienen un anhelo parecido o complementario que te apoyarán. En general, a los humanos nos gusta que alguien alcance sus sueños. De hecho, las personas más exitosas se han enfocado en apoyar a otros para que alcancen sus sueños, sin olvidarse de los propios. Si hablas de tu restaurante, todas las personas que te conocen sabrán que ese es tu sueño y te asocia-

rán con él. Cuando alguien vea un concepto de restaurante que valga la pena, seguramente te compartirá lo que ha visto.

3.   Finalmente, la tercera razón, y quizá la más importante, es que adquieren un compromiso que exige consistencia. Uno de los rasgos más incómodos de una persona es ser inconsistente en sus acciones y palabras. Si hablas de tu sueño, te comprometes a lograrlo. Generalmente sucede que no compartimos el sueño porque en el fondo, tenemos miedo a fracasar. Pero debes decidir qué es más importante: luchar por tu sueño o acomodarte a vivir el de alguien más. ¡Sin pensarlo mucho, te aseguro que es mejor arriesgarte a vivir tu sueño!

Las personas que me conocen de niño, saben de lo que hablo. Quienes estudiaron conmigo en el colegio saben que me gustaba aprender y enseñar. Participaba en todos los concursos posibles de oratoria, escritura y declamación. Desde pequeño soñaba con escribir y enseñar. Hablar de mis sueños me ha dado la oportunidad de escribir libros junto a Steve Forbes, Brian Tracy, y también me ha dado la oportunidad de conocer a personas que me han ayudado como Dave Ulrich, Sir Ken Robinson, Jack Welch, Mark Victor Hansen, Jim Collins, Stephen Covey, Ram Charan, Ken Blanchard, Peter Diamandis o Verne Harnish. Ser específico en lo que anhelamos y expresarlo al mundo nos acerca a lo que queremos. Todos nos dirán que estamos locos, hasta que lo logremos.

SMART

Ahora, escribe tu sueño o sueños lo más detallado que puedas. Sé específico. Hemos visto que para alcanzar los sueños vale la pena hablar sobre ellos con otras personas pues hacerlo nos compromete, nos permite enfocarnos, traerlos a nuestro consciente y creamos una red de personas que pueden apoyarnos.

Otro valioso elemento para alcanzar los sueños es visualizarlos y vivirlos. Te daré un ejemplo. ¿Quisieras tener una casa más grande para tu familia? De ser así, te invito a que vayas con tu familia a la casa que quieres comprar. Recórranla completa, véanla amueblada y cómoda. Tómense el tiempo de sentir que ya es suya. Este ejercicio enfoca tu sistema de activación reticular. Si quieres que un sueño sea realidad, actúa como si ya lo hubieras alcanzado.

Elabora un pictograma con todos tus sueños. Medita sobre ellos e involucra a tu familia.

Si deseas un carro, ilustra tu pictograma con una foto. No olvides agregar la foto de la casa que ya visitaron. Busca imágenes que reflejen lo que quieres lograr como persona, como pareja y como emprendedor. Coloca una fecha e imprime varias copias. Pégalas en lugares visibles: el carro, el baño, la mesa de noche, la oficina, el reposador de pantalla de tu computadora. Observa diariamente el pictograma y pregúntate: "¿Qué estoy haciendo hoy por alcanzar mis sueños?"

Ya con tu pictograma en lugares clave, revísalo y aplica el sencillo filtro SMART para cada sueño. Esta es una técnica, por sus siglas en inglés, muy conocida para fijar metas y es aplicable a los sueños. Significa:

(S) eSpecífico

(M) Medible

(A) Alcanzable

(R) Realista /Relevante

(T) Tiempo

Revisa si tu sueño es específico, medible, alcanzable, relevante y realista para ti? Además, ¿tienes un tiempo definido para alcanzarlo? ¿Tienes un mecanismo para rendir cuentas sobre tu avance? Si aún no puedes responder positivamente a estas preguntas, es el momento para encontrar los mecanismos que te ayuden a lograrlo.

La clave para lograr los sueños y ejecutar los planes que hemos definido está en la palabra achievable o alcanzable, aunque la palabra original es accountable, no tiene traducción literal. Un significado aproximado sería "rendición de cuentas" o "responsabilidad". ¿Rindes cuentas de tu sueño? ¿Tienes un compañero de responsabilidad con quien compartes tu avance, tu retroceso y tu estado actual? En los diversos planes estratégicos que he diseñado, he descubierto que este elemento frecuentemente se olvida en las organizaciones. Si no se toma en cuenta, la meta no se alcanzará.

¿Por qué es importante rendir cuentas y ser específico? Basta con un ejemplo. ¿Sabes cuál es la meta número uno del mundo? Es decir, cuando el 31 de diciembre reflexionamos acerca de qué haremos el año siguiente, ¿cuál es la principal meta que se plantea todo el mundo? No es la felicidad ni el dinero. La meta número uno es bajar de peso. Por otro lado, ¿cuál es el principal problema de salud a nivel mundial? La obesidad, así que tiene sentido ponernos dicha meta. Sin embargo, vemos que no logramos avanzar porque el problema continúa existiendo, y es cada vez más grave. Por lo tanto, hay una brecha entre la meta y la ejecución. Si dices: "Quiero bajar de peso", no estás siendo específico, ni tienes un mecanismo de rendición de cuentas. Pero si dices: "Para el 15 de marzo de 2018 habré bajado treinta libras y tendré un porcentaje de grasa de 21%, iré al gimnasio y mediré mi avance semanalmente con una nutricionista", ¡te aseguro que tienes mejores oportunidades para lograrlo!

Hemos analizado otro elemento crítico para alcanzar los sueños: deben ser específicos, medibles, alcanzables, relevantes, con un tiempo definido y un mecanismo de rendición de cuentas.

$$2P + T = R$$

Proposito & Pasion   Talentos   Rentable

Modelo PROPATARE

Si no haces realidad tus sueños, la realidad se los llevará.
–Eric Pio

Todo gran emprendimiento es producto de un gran emprendedor. Muchos investigadores se han hecho la pregunta ¿qué hace exitoso un negocio? ¿Qué hace a una persona exitosa? Ahora revisaremos herramientas que te ayudarán. Uno de los autores contemporáneos más consistentes en responder a estas preguntas es Jim Collins quien publicó la obra *Las Empresas Que Sobresalen (Good to Great)*. En dicha publicación revela los hallazgos de sus estudios sobre empresas con retornos de inversión más altos que el promedio de la industria durante al menos quince años consecutivos. Collins descubrió que estas empresas tienen una combinación de tres cosas: algo que les mueve o les apasiona, algo en lo que son especialmente talentosas y mecanismos para medir la rentabilidad.

Mihaly Csikszentmihalyi, el distinguido profesor de la Escuela de Graduados de Claremont escribió el libro *Flow: The Psychology of Optimal Experience* que describe el principio de unir la pasión con el talento. Ese estado delicado de "fluir" en el que se encuentra un trompetista de jazz al estar en la cúspide de una interpretación es lo que nos lleva a entender el alto desempeño. Es poco probable ser exitosos en algo sin unir estos dos elementos.

Sir Ken Robinson concuerda con esto. En su obra *The Element* analiza cómo diversas personas han encontrado aquello que les hace sentir vivos cuando vinculan lo que les apasiona y sus talentos, y cultivan ese equilibrio.

Cuando descubrí estos componentes, pensé que el propósito es el elemento de liderazgo que marca la diferencia entre alguien ordinario y alguien extraordinario. Si estudiamos a cualquier líder que ha cambiado el mundo, descubriremos que tenía un propósito claro y un llamado interno. Es por ello que el propósito también es vital. De hecho, mis estudios sobre liderazgo en The Aspen Institute, provocaron que me cuestionara el uso de la palabra éxito y que pensara sustituirla por significado o trascendencia. Sería una buena idea, si tomamos en cuenta que el éxito efectivamente puede medirse según nuestro nivel de trascendencia.

Si deseas tener éxito en lo que emprendas, si deseas trascender en un negocio o en tu vida misma, asegúrate de recordar el modelo PRO-PATARE: Propósito, Pasión, Talento y Rentabilidad.

Propósito ¿Para qué estoy en la Tierra? ¿Cuál es mi llamado?
Pasión ¿Qué me apasiona? ¿Qué me hace feliz?
Talento ¿En qué soy bueno? ¿Cuáles son mis principales fortalezas?
Rentabilidad ¿Cómo podría hacer rentable el negocio?
Veamos cada elemento…

Propósito

Alguien definió el genio como la intensidad del propósito, la capacidad de hacer, la paciencia de esperar. Pon todo esto junto y tienes el éxito.
– Leo Muir.

Si te preguntara en este momento ¿por qué estás en la Tierra?, ¿qué responderías? Esta es una pregunta que seguramente pasaremos toda nuestra vida explorando y quizá, nunca lleguemos a una conclusión simple. A pesar de ello, tienes, poco a poco y conforme te expones a diversas experiencias y vivencias, una idea de qué aportas a este mundo, qué rumbo es el mejor para ti.

Usualmente, cuando hago una sesión de planeamiento estratégico, parafraseo el fragmento de la célebre novela de Lewis Carroll: *Alicia en el País de las Maravillas*, cuando Alicia se encuentra en una encrucijada de varios caminos y no sabe cuál tomar. "¿Qué camino tomo?", pregunta Alicia al Gato Risón. "¿A dónde vas?", le responde él. "No sé", dice Alicia. "Entonces cualquier camino te lleva", es la sabia conclusión del gato. ¿Cómo sabrás qué camino tomar si no sabes cuál es tu propósito, tu objetivo último en la vida? Por eso es importante reflexionar al respecto.

"En esto llegó a un camino que en cuatro se dividía, y luego se le vino a la imaginación las encrucijadas donde los caballeros andantes se ponían a pensar cuál camino de aquellos tomarían; y por imitarlos, estuvo un rato quedo, y al cabo de haberlo muy bien pensado soltó la rienda a Rocinante, dejando a la voluntad del rocín la suya, el cual siguió su primer intento,
que fue el irse en camino a su caballeriza".
Don Quijote de la Mancha, Miguel Cervantes.

¿Qué te sucederá a ti? ¿Tomarás cualquier ruta porque no sabes a dónde quieres ir o simplemente regresarás a donde estabas, a tu lugar seguro donde no necesitas saber cuál es tu propósito?

Si tu propósito no está claro, tu proceso de toma de decisiones será equivocado. Si tu propósito está claro, sabrás qué carrera universitaria escoger, qué trabajo aceptar, qué habilidades desarrollar y qué ruta tomar en la vida. Si analizas a los grandes líderes, descubrirás que han tenido claro su propósito desde jóvenes. Jesucristo, por ejemplo, desde joven, conocía a qué había sido llamado. Esa certeza lo condujo a estudiar con los maestros de la ley desde niño, también lo motivó a decir frases como: "No es mi tiempo aún", así como a escoger el momento para iniciar su ministerio. Peter Diamandis conocía claramente que amaba el espacio y dedicó su vida a ello. Paul McCartney amaba la música e igualmente cultivó este llamado. Los hermanos Wright visualizaban un aparato volador que transformaría el mundo. Nuestro propósito puede no estar definido claramente, pero sí lo que nos apasiona y si lo unimos a nuestros talentos, encontraremos claves ineludibles para descubrir nuestro llamado y las cosas que debemos experimentar para afinarlo.

El éxito no es casualidad y mientras más rápido medites sobre tu propósito, más tiempo tendrás para prepararte y alcanzarlo. Te haré una advertencia en este momento: descubrir tu propósito es algo que te tomará tiempo. Deberás meditarlo cuidadosamente y validarlo. Para ayudarte a iniciar este proceso de reflexión, planteo catorce preguntas de análisis. Respóndelas tranquilamente, meditando tu respuesta. Al completar el cuestionario, encontrarás algunos elementos que guiarán tu reflexión.

Descubriendo mi propósito

Responde en tu cuaderno estas preguntas. Sé lo más específico que puedas.

1. ¿Sobre qué eres naturalmente curioso? Esto habla esencialmente acerca de tus intereses. Para comprenderte mejor, puedes preguntarte: ¿qué tipo de libros (no de ficción) te gusta leer? ¿Cuál es el tema principal de los documentales que te gusta ver? ¿Qué temas abordan los artículos de las revistas y periódicos que te gusta leer? Sobre qué te gusta aprender?

2. ¿Qué te gustaría cambiar del mundo? Esta es una pregunta poderosa. ¿Cuáles son los temas en la sociedad que te molestan? ¿Qué noticias te incomodan? ¿Qué te gustaría cambiar en el mundo para mejorarlo?

3. ¿Que te gustaría hacer o lograr antes de morir? Trata de hacer esta lista lo más larga que puedas.

4. ¿Qué harías si no pudieras darte el lujo de fallar? No hay límites, serás exitoso en lo que decidas emprender. Si no tuvieras miedo al fracaso, ¿Que harías?

5. ¿Qué harías si no estuvieras limitado por el dinero? A veces ponemos barreras a nuestro pensamiento simplemente por limitaciones financieras. Si no existieran, ¿a qué te dedicarías?

6. ¿Qué te gustaría escuchar en tu funeral? Imagina esa reunión donde están las personas más queridas. Uno a uno dirán un discurso sobre ti. ¿Qué te gustaría que dijeran? ¿Qué tipo de amigo, colega o familiar eres? ¿Qué contribuciones o logros te gustaría que recordaran? ¿Qué diferencia te gustaría haber hecho en sus vidas?

7.   ¿Qué actividades disfrutas? ¿Cuáles actividades hacen que el tiempo pase rápidamente para ti? Incluya recreativas y productivas.

8.   ¿Cuáles actividades o tareas te han hecho sentir sumamente empoderado? Piensa en los trabajos que has tenido, el colegio, o algún trabajo voluntario. ¿Qué actividad pasada te ha hecho sentir más feliz, productivo y con ganas de continuar haciéndola?

9.   ¿Por qué logro te gustaría que te conocieran? ¿Cuáles son los logros que te hacen sentir más orgulloso? ¿Qué te hace sentir orgullo de ti mismo?

10.   Si tuvieras solamente un deseo, ¿cuál sería?

11.   ¿La vida de quién te gustaría vivir? ¿Quiénes son las personas (de otra época o de la actualidad) que admiras, o incluso, envidias?

12.   ¿Qué ideas te inspiran más? ¿Por qué? Las ideas pueden ser sobre la vida, tu carrera, la sociedad u otro aspecto. Algunas podrían ser educación gratis para todos, un mundo seguro, entre otras.

13.   ¿Con quién te gustaría relacionarte o de quiénes te gustaría rodearte? ¿Qué tipo de personas te gustaría que te rodearan, en términos de estilo de vida, ocupación, riqueza o intereses?

14.   ¿Tomas responsabilidad sobre lo que te sucede?¿Crees que se debe a tus decisiones que las cosas están como están en tu vida? ¿Puedes construir tu futuro?

Analiza cada respuesta con los comentarios que aparecen a continuación.

1.   ¿Sobre qué eres naturalmente curioso? Tu respuesta a esta pregunta dice mucho sobre los temas que te apasionan. Responder

esta pregunta te ofrece claves sobre una profesión o un campo específico en el que puedas desarrollarte. Usualmente, lo que hacemos con naturalidad es lo que disfrutamos más.

2. ¿Qué te gustaría cambiar del mundo? Lo que más te enoja, en cierta forma, muestra lo que te importa, lo que está más cerca de tu corazón. No es muy probable que te mueva emocionalmente algo que no te apasiona.

3. ¿Qué te gustaría hacer o lograr antes de morir? Las cosas que enumeraste no solo te dan una idea de tus metas, sino de tus valores, lo que es importante para ti y cómo te gustaría vivir.

4. ¿Qué harías si no pudieras darte el lujo de fallar? Esta pregunta te ayudó a pensar sin limitaciones. Seguramente anotaste cosas que te gustarían hacer.

5. ¿Qué harías si no estuvieras limitado por el dinero? Las respuestas a esta pregunta te ayudan a eliminar barreras en tu forma de pensar y encontrar tus deseos más íntimos. Recuerda que puedes ser capaz de ganar dinero siguiendo lo que te apasiona.

6. ¿Que te gustaría escuchar en tu funeral? Tu respuesta muestra lo que valoras y cómo te gustaría vivir, lo que es importante para ti.

7. ¿Cuáles son las cosas que actualmente disfrutas hacer? Es muy probable que tu pasión se encuentre en una de esas actividades.

8. ¿Cuáles actividades o tareas te han hecho sentir sumamente empoderado? Cuando te apasiona un determinado proyecto o tarea, te sientes energizado, te emocionas y no te cansa fácilmente. Al cobrar vida los talentos y facultades naturales, descubres que eres una mejor persona de lo que imaginaste. Las actividades que te hacen sentir bien podrían definir tu pasión o al menos acercarte a descubrirla.

9. ¿Por qué aporte te gustaría que te conocieran en tu vida? Puedes sentir orgullo únicamente por aquello que te importa. Obvia-

mente hay que estar seguro de que estas cosas son lo que más te importan.

10. Si tuvieras solamente un deseo, ¿cuál sería? Ahora que ya lo pensaste, intenta pensar por lo menos en cinco personas a quienes ayudarías a lograr su deseo; incluye personas que no sean tan próximas. Luego, determina qué tendencias observas, ya que puedes estar cerca de tu propósito.

11. ¿La vida de quién te gustaría vivir? Al escoger alguien, ¿Por qué lo escogiste? Lo que te impacta de esa persona, sus logros, estilo de vida u otros aspectos te proporcionan una clave.

12. ¿Qué ideas te inspiran más? Si hay una idea que realmente te inspira, ese podría ser tu propósito.

13. ¿Con quién te gustaría relacionarte o de quiénes te gustaría rodearte? Las personas a tu alrededor te influencian y muchas veces las imitas. Esto te da una buena pauta de tus intereses y las tendencias que sigues.

14. ¿Tomas responsabilidad sobre lo que te sucede? Nadie más que tú puede cambiar tu futuro y construir la vida que deseas. Si trasladas la responsabilidad a otra persona, estás buscando respuestas en el lugar equivocado. Si dijiste sí, ¡felicitaciones!

Ahora que respondiste todas las preguntas, lee de nuevo las respuestas. ¿Ves algún patrón o tendencia? Identifica las cosas que se repiten en tus respuestas, ¡así descubrirás la pasión y el propósito en tu vida! ¿Qué descubriste? ¿Qué pistas tienes acerca de tu propósito?

Pasión

No se preocupe de lo que el mundo necesita. Pregúntese qué lo hace sentir vivo y hágalo. Porque lo que el mundo necesita es gente que se siente viva haciendo lo que hace.
– Howard Thurman

"Veo que has terminado tu cuento", me dijo mi mamá al revisar una nota que tenía en un cuaderno donde solía escribir por horas. "Sí", le dije sonriendo. "¿Te lo leo en la noche?", continué. Ese cuento, "La fábula del amanecer perdido" fue lo primero que vi publicado. Mi padre lo llevó a la Revista Chicos en Guatemala y así vi mi primera obra en papel. Tenía nueve años.

Un año después, a los diez años, mis padres y maestros del Colegio Evelyn Rogers de Guatemala me invitaron a participar en el concurso nacional Niño Alcalde. Dubitativo, acepté. "¿Y si no me seleccionan?", recuerdo preguntar insistentemente a mis padres. "Si participas o no participas será tu decisión, pero si no participas, te quedarás siempre con la duda de lo que pudo haber sido." Me conocían bien, sabían que no me gusta quedarme con la duda y participé.

En una de las entrevistas finales, recuerdo que me preguntaron: "¿Eres Rojo o Crema?" Se referían a mis preferencias sobre fútbol local, pues la Municipalidad de Guatemala era la patrocinadora de Municipal, Rojos. "Bueno... realmente no sigo mucho el fútbol, pero en casa somos Cremas", dije ruborizado. "Nos gusta que hayas sido honesto", me dijeron sonriendo.

Cuando salí de la entrevista, mi padre me esperaba muy contento. "¿Cómo te fue?", me preguntó. "Bien, yo quedé", le dije absolutamente seguro. "Lo importante es que participaste, pase lo que pase, ya ganaste", aseguró, intentando ser ecuánime con las expectativas. "Yo quedé, estoy seguro. Ya verás". La llamada de unos días después, confirmó mi certeza. ¡Había ganado!

Fui nombrado Alcalde de la Ciudad de Guatemala por un día. La semana que antecedió mi nombramiento fue mágica. Tuve la oportunidad de entrevistarme con el Gabinete de Estado, de conversar con el presidente Vinicio Cerezo y de prepararme para mi "toma de posesión".

Me entregaron la Vara Edilicia (símbolo que se entrega al alcalde en funciones) el 30 de noviembre de 1990. Recuerdo como si fuera ayer que lo primero que hice fue informarme sobre cómo hacían para asfaltar una calle. "Los alcaldes asfaltan calles", razoné. La calle donde vivía en ese entonces conducía a la Universidad Francisco Marroquín, una de las más importantes universidades privadas de mi país y a un balneario, que hoy en día alberga a otra importante universidad, la Galileo. Con el radio que me habían entregado para comunicarme con mi staff, empecé a pedir que se revisara esa calle. "Solo tengo hoy para que se apruebe, les decía, así que les pido su ayuda". Insistí varias veces.

¿Te puedes imaginar el gozo y lo importante para la vida de un niño de diez años cuando asfaltaron la calle la semana siguiente? Hoy, incluso cuando he impartido clases de postgrado en las universidades Marroquín o Galileo, paso por esa calle y pienso "Sí se puede". Así nació mi deseo por emprender. Pensé: "No hay nada que no se pueda hacer, sin importar la edad o el contexto. Si quiero cambiar algo, debo hacer algo al respecto".

> *Algunas personas miran al mundo y dicen: ¿Por qué?*
> *Otras miran al mundo y dicen ¿Por qué no?*
> *– George Bernard Shaw*

Tu propósito está ligado a tu pasión. Si no has descubierto tu propósito, aquello que te apasiona puede darte importantes pistas para descubrirlo. Nuestras pasiones son las cosas que nos consumen con emociones palpables. La palabra viene del latín *passio*, que significa sufrimiento.

¿Qué quisiéramos cambiar en el mundo? La mayoría de emprendedores "sufren" por cambiar algo que, a sus ojos, puede ser mejor. Quizá no existe un producto en el mercado o la empresa que lo ofrece no brinda un buen servicio. Ese sano sufrimiento usualmente empuja los emprendimientos. ¿Por qué es importante la pasión en el éxito sostenido? Los coautores de *Success Built to Last*, Jerry Porras, Stewart Emery y Mark Thompson entrevistaron a más de cuatrocientas personas exitosas durante diez años. Su trabajo demostró que amar lo que uno hace es una condición necesaria para el éxito. Según los autores: "Mucho se ha dicho acerca de la importancia de amar lo que uno hace, pero la mayoría de las personas simplemente no compran esa idea. Seguro, sería bueno amar lo que uno hace, pero para efectos prácticos, la mayoría de las personas no pueden darse ese lujo…Aquí está la mala noticia: es peligroso no amar lo que uno hace. La dura realidad es que si no amamos lo que hacemos, ¡perderemos contra personas que sí lo hacen! Por cada persona que no siente verdadera pasión por lo que hace en su trabajo o en sus relaciones, existe alguien que sí. Esta persona trabajará más duro y por más tiempo, así que tomarán ventaja con el pasar de los años."

El millonario inversionista Warren Buffet dijo en una ocasión: "Si existe una diferencia entre usted y yo, es simplemente que yo me levanto cada día de mi vida y tengo la oportunidad de hacer lo que amo hacer, todos los días. Si quiere aprender algo de mí, este es el mejor consejo que puedo darle." El autor Curt Rosengren escribió que traer pasión a las cosas que hacemos es "locamente fácil", debido a que surge de la simple autenticidad. Él define pasión como: "La energía que surge de traer más de ti en lo que haces." En esencia, la pasión viene de ser lo que uno es.

Aristóteles, hace más de 2 mil años, escribió que la felicidad se fundamenta en la autorrealización dentro de un colectivo humano, adquirida mediante el ejercicio de la virtud. Una virtud, en general, es la excelencia añadida a algo como perfección; buena disposición para el cumplimiento o realización perfecta de una inclinación natural. Aristóteles muestra en la obra Ética a Nicómaco que la virtud humana no puede ser ni una facultad ni una pasión sino un hábito. Que sea un hábito quiere decir que aparece como consecuencia del aprendizaje, no por naturaleza, más exactamente, aparece con la práctica o repetición. En corto, Aristóteles nos invita a perfeccionar nuestros talentos pues será la única forma de lograr la felicidad.

Por otra parte, hay que tener claro que simplemente hacer lo que uno ama no traerá automáticamente felicidad, logro y significado. Aun con nuestras pasiones, tenemos deseos que entran en conflicto, tal como las tensiones entre nuestro trabajo y nuestro hogar. La clave es estar conscientes de nuestras necesidades, pasiones y otras dimensiones de una vida integral, como la familia, el trabajo, la salud y la comunidad, y vivir de forma que cada elemento reciba atención, según nuestras prioridades. Ahora te toca definir tu pasión.

"A veces la vida golpea en la cabeza con un ladrillo. No pierdan la fe. Estoy convencido de que lo único que me mantenía en curso era que amaba lo que hacía. Deben encontrar lo que realmente les apasiona. Y esto es tan cierto respecto del trabajo como lo es respecto del amor. El trabajo les llenará una parte importante de sus vidas, y la única manera de sentirse realmente satisfecho es realizar lo que consideran un gran trabajo. Y el único modo de realizar un gran trabajo es amar lo que uno hace. Si no lo han encontrado aún, sigan buscando. No se conformen. Así como sucede con todos los asuntos del corazón, sabrán cuando lo hayan encontrado. Y así como sucede en cualquier gran relación, mejora más y más a medida que transcurren los años. Así que sigan buscando hasta que lo encuentren. No se conformen."
Steve Jobs en su discurso en Stanford

¿Qué te apasiona? ¿Qué amas hacer? Si pudieras hacer cualquier cosa en la vida, ¿qué escogerías como lo más apasionante para ti?

Talento

El talento no es un don celestial, sino el fruto del desarrollo sistemático de unas cualidades especiales.
José María Rodero

Todos creen que tener talento es cuestión de suerte; nadie piensa que la suerte pueda ser cuestión de talento.
Jacinto Benavente

¿Alguna vez has pensado en cuál es tu "ventaja competitiva injusta"? Me gusta agregarle la palabra injusta, pues para las demás personas puede parecer injusto lo bueno que eres en algo. ¿En qué te hizo Dios más talentoso? Si te han dicho: "Nadie cuenta historias como tú" o "Es fácil aprender cuando tú enseñas" o "Qué lindo dibujas" o cualquier otra frase que resalte un talento, pon atención y anótalo. El talento siempre recibe una confirmación.

Tu talento es tu fortaleza dominante, aquello que haces más fácilmente que otros: negociar, establecer relaciones, dibujar, enseñar, hacer cálculos, analizar problemas, encontrar soluciones creativas, cocinar, esculpir, escuchar... todos tenemos varios talentos. Sin embargo, no todos los usamos. Es común que nos digan: "Tienes estas debilidades, trabaja en ellas". Por el contrario, no es usual que nos digan: "Tienes estas fortalezas, desarróllalas". Sir Ken Robinson compara los talentos con las piedras preciosas que pueden quedarse enterradas por siempre si no son descubiertas y pulidas.

Ahora nos concentraremos en descubrir tus talentos. Para lograrlo, resolveremos unos cuestionarios y ejercicios que nos permitirán llegar a importantes conclusiones. Es necesario que seas honesto. Recuerda que no existen buenos o malos talentos, solo talentos sin utilizar positivamente.

Lo primero que haremos es responder una autoevaluación. Simplemente harás una lista de los talentos que crees tener. Luego, le preguntarás a cinco o más personas que te conozcan en diversos contextos (laboral, familiar, amistad, servicio social) cuáles son tus talentos o habilidades más importantes. Te muestro un formato que puedes replicar en tu cuaderno. Al anotar tus talentos, no te concentres en evaluarlos, solo anótalos.

Persona	¿De dónde la conozco?	¿Qué talento reconoce en mí?

¿Son similares los talentos y habilidades que anotaste y los que te dijeron tus allegados? Analiza por qué son similares o diferentes las respuestas.

Ahora, utilizaremos el test de Herrmann que aparece en su libro *The Whole Brain Business Book*. Recuerda que ninguna prueba puede clasificarte porque somos seres en constante cambio y desarrollo. Sin embargo, esta prueba te dará una idea de cuál es tu forma predominante de actuar.

Test de Herrmann

Encontrarás diez filas con cuatro palabras cada una. En cada fila, selecciona la palabra que más te identifique y colócale un cuatro. En la segunda palabra que más te identifique coloca un tres, y así sucesivamente hasta colocar el número uno en la palabra que menos te describa. Luego, suma los puntajes de cada columna y circula los puntajes más altos.

Frío	Disciplinado	Simpático	Apasionado
Escéptico	Puntual	Extrovertido	Indeciso
Perfecto	Terco	Desordenado	Emotivo
Correcto	Ordenado	Pionero	Expresivo
Formal	Cuidadoso	Soñador	Flexible
Brusco	Verificador	Espontáneo	Tolerante
Agresivo	Duro	Original	Sensible
Resultados	Asegurador	Inspirado	Sentimental
Audaz	Sistemático	Intuitivo	Amable
Objetivo	Controlador	Sociable	Cariñoso
Suma	**Suma**	**Suma**	**Suma**
AZUL Analítico	VERDE Organizado	AMARILLO Visualizador	ROJO Personalizado

Las columnas con tus puntajes más altos representará tu color dominante. Veamos qué implicaciones tiene cada color.

AZUL	AMARILLO
Analítico Pensamiento lógico y crítico, del análisis de los hechos, del procesamiento y cuantificación de números. Es racional y realista, conoce cómo funcionan las cosas.	Visualizador Es por esencia imaginativo, piensa en forma global, especula, es impetuoso, no respeta las reglas, vive de las sorpresas, es curioso e integrador, experimenta permanentemente y toma riesgos.
VERDE	**ROJO**
Organizado Planea formas, organiza hechos, revisa cuidadosamente. Es previsor, establece procedimientos y secuencias, es ejecutivo, hace que las cosas sucedan. No acepta ambigüedades.	Personalizado Es básicamente interpersonal, intuitivo y expresivo. Es sensitivo a lo que pasa a su alrededor, gusta de enseñar, es emocional y kinestésico. Induce al trabajo en equipo.

¿Qué implicaciones tiene este color para ti?

Recordemos que vale la pena cultivar nuestras fortalezas. Los emprendedores exitosos alinean sus fortalezas a su perfil dominante, lo que implica asumir tareas atractivas para la persona. ¿Cómo es tu trabajo actual? ¿Es tu perfil compatible con la actividad que realizas? Este cuadro puede ayudarte a describir tus comportamientos y preferencias dominantes y también las preferencias e intereses de quienes te rodean. ¿Qué disfruta tu pareja? ¿Tus hijos? ¿Tu equipo de trabajo?

AZUL	AMARILLO
Analítico Disfruta: • Trabajar solo • Aplicar fórmulas • Analizar datos • Hacer que las cosas funcionen • Resolver problemas difíciles • Procesamiento lógico • Ser retado • Explicar cosas	Visualizador Disfruta: • Tomar riesgos • Inventar soluciones • Proveer visión • Promover cambios • Oportunidad para experimentar • Crear nuevas cosas • Diseñar • Vender cosas • Tener variedad

VERDE	ROJO
Analítico	Visualizador
Disfruta:	Disfruta:
• Construir cosas • Estar en control • Tener un medio ambiente ordenado • Preservar el status quo • Tareas de papelería • Planificar cosas • Estabilizar • Hacer las cosas en tiempo • Tareas estructuradas • Atender al detalle • Administrar	• Hacer que equipos funcionen bien • Expresar ideas • Crear relaciones • Enseñar/capacitar • Escuchar y hablar • Trabajar con la gente • Aspectos de comunicación • Ayudar a las personas • Expresar sentimientos • Aconsejar • Ser parte de un equipo

Según lo que has analizado sobre tu perfil de conducta, ¿cuáles son tus mayores fortalezas? ¿Qué actividades podrías desempeñar para utilizar al máximo estas fortalezas? ¿Quieres emprender? Enumera veinticinco ideas de negocio que podrían maximizar el uso de tus preferencias.

Conocí a un emprendedor que al leer estos principios me dijo: "¡Lo descubrí! Lo que amo es la música, por lo tanto, debo enfocarme en cantar". "Bueno, quisiera escucharte cantar", le dije. Cuando empezó a cantar, la gente alrededor hacía cara de incomodidad, otras, de horror; otras, de miedo. "Bueno, ¿qué otros talentos crees tener?", le dije. Su rostro se iluminó. "Me fascina organizar cosas. Soy excelente llevando controles, agendas. En realidad soy muy minucioso." "¿En el mundo de la música, dónde ves una oportunidad de usar ese talento?", le indiqué. "¡Muy fácil! Los cantantes suelen ser muy desordenados en sus agendas o en sus finanzas personales". "¿Qué se te ocurre entonces?", continué… Hoy, este emprendedor es manager de varios artistas, y según me cuenta en correos que hemos cruzado, ¡está feliz, uniendo su pasión y su talento!

Rentabilidad

Es más importante hacer lo estratégicamente correcto
que lo inmediatamente rentable.
–Philip Kotler.

¿Cómo puedo hacer rentable mi emprendimiento? Vivir de mi propósito, pasión y talento requiere conocimiento adicional. Es común para ciertas industrias, altamente competitivas, que exista un propósito claro, una pasión, un talento, pero no una forma de hacerlo rentable. Si no tienes formación financiera, permíteme presentarte una ecuación que resume las finanzas que necesitarás comprender para tu negocio:

$U = I - E$
Utilidad es igual a ingresos menos egresos.

Al analizar esta ecuación, notarás que para maximizar tus utilidades, las empresas tienen dos alternativas, aumentar sus ingresos o disminuir sus egresos. Las organizaciones sin fin de lucro tienen el mismo comportamiento, con la diferencia de que no se reparten utilidades.

Para hacer rentable un emprendimiento, es fundamental considerar la forma de cobrar y obtener ingresos. Puedes fijar los precios de tus productos o servicios con el mismo método que utiliza tu competencia, o puedes optar por estrategias innovadoras. En la obra *La Estrategia del Océano Azul*, los autores W. Chan Kim y Renée Mauborgne analizaron cómo diversas empresas cambiaron su forma de cobrar, de una tradicional a una que respondiera mejor a las necesidades de los clientes. ¿Sabías que fue Blockbuster quien por primera vez utilizó el modelo de renta de películas? Anteriormente, solo podían comprarse. Hoy, vemos cómo este modelo ha sido vencido por Netflix, con su popular sistema de suscripción y películas ilimitadas.

En 1997, Reed Hastings se enfrentó con una factura de $40.00 por no devolver a tiempo el DVD de "Apolo 13" que había rentado en Blockbuster. Aquella cifra le pareció demasiado y rehusó pagarla. Fue entonces cuando Hastings decidió fundar una compañía que no le cobrara multas a sus usuarios por demorarse en la devolución de sus películas, sino que cobrar una tarifa mensual por un número ilimitado de alquileres. Así nació Netflix y también inició la caída de Blockbuster.

Analicemos algunos ejemplos para que tomes ideas sobre cómo podrías cobrar por los productos y servicios que ofrecerás en tu negocio. Cuestiones clave: ¿Cómo hago rentable mi emprendimiento? ¿Cómo garantizo ingresos? ¿Cómo minimizo mis egresos? Para introducirte a estos conceptos, revisa estas preguntas:

Empresa	¿Cómo cobra?	¿Cómo cobra la competencia?
Uber	20% a quien otorga el servicio.	Taxis normales, 80% a quien presta el servicio.
Amazon	15% de royalties en libros digitales que se publican con Kindle.	Casas editoriales, 50-80% a sus autores.
Facebook Ads	Costo por acción (resultado de la publicidad).	Publicidad tradicional, cobra por actividades realizadas.

Los negocios de hoy están cambiando la forma de cobrar y de agenciarse de recursos. Google ofrece gratis muchos de sus servicios, pero vende la publicidad. Facebook pasó de ser una guía para volver a encontrar amigos a una plataforma de publicidad e interacción social y de empresas. Angry Birds ofrece una estrategia *freemium* donde parte del contenido es gratuito, pero cobran por ampliaciones dentro del juego. Organizaciones como TED ofrecen gratuitamente su conocimiento, pero cuentan con mecanismos de crowdfunding para crecer. Empresas como Pebble, Coolest Cooler, Exploding Kittens, Ouya, Pono Music, The Veronica Mars Movie Project, Reading Rainbow, Torment: Tides of Numenera y Project Eternity recibieron millones de dólares con la plataforma de fondeo Kickstarter. Finalmente, emprendimientos sociales de alto impacto podrían presentarse en plataformas como Hero X, en donde se puede atraer talento y fondos por medio de concursos. Así que agenciarse de recursos no es realmente un impedimento para emprender y realizar tus sueños.

Tomando en cuenta mi propósito, pasión y talento, ¿Qué problema puedo resolver? ¿Qué necesidad puedo satisfacer? Para satisfacer esta necesidad o resolver este problema, haz una lista de los productos o servicios que podrías ofrecer. ¿Cómo podría recibir ingresos de estos productos o servicios? ¿Qué gastos tendría al ofrecer estos productos o servicios? Responde estas preguntas en tu cuadernos de notas.

Yo, emprendedor

La verdadera gloria echa raíces y se expande; las vanas pretensiones caen al suelo como las flores marchitas.
– Marco Tulio Cicerón.

Hasta el momento hemos hablado sobre ti, sobre tu propósito, tu pasión, tu talento y hemos hecho un breve recuento de los productos y servicios que podrías ofrecer y cómo cobrarlos. Aunque este es un libro sobre emprendedores y emprendimiento, no hemos definido el concepto. Analicemos una definición:

Emprendimiento es el proceso de crear algo nuevo con valor agregado, dedicándole el tiempo y esfuerzo necesario, asumiendo los riesgos sociales y financieros del mismo y recibiendo las recompensas monetarias y satisfacción personal e independencia resultantes. (Hisrich, Robert; Peters, Michael; Shepherd, Dean. *Entrepreneruship*. Editorial McGrawHill. 7ma Edición 2009).

Esta definición resalta cuatro características básicas de ser emprendedor:

1.   El emprendimiento involucra un proceso de creación. Esta creación debe tener valor para el emprendedor y para el potencial usuario.

2.   El emprendimiento requiere tiempo y esfuerzo.

3. Involucra recompensas: independencia y satisfacción personal. Para emprendedores con fines de lucro, la recompensa monetaria juega un papel importante.

4. El último aspecto es asumir los riesgos, ya que el futuro es incierto. Sin embargo, el nivel de incertidumbre puede manejarse con la investigación del área de emprendimiento que desea desarrollarse.

Las estadísticas de diversas fuentes a nivel mundial muestran que el deseo de emprender es inherente a la actitud de las personas desde finales del milenio. Si estás leyendo este libro, eres parte de dichas estadísticas y deseas emprender. Aunque ser emprendedor es un deseo aspiracional, no todas las personas están dispuestas a asumir los riesgos.

Cuando entrevisté a empresarios y empresarias guatemaltecos para escribir este libro, me sorprendió descubrir que Walter de la Cruz, fundador de Café Barista, desarrolló una empresa que quebró antes de fundar la exitosa cadena de cafeterías que incluso ahora ha conseguido un socio muy fuerte, uno de los grupos más importantes de Latinoamérica, Multinversiones. La señora Cofiño trató de vender McDonald's Guatemala en los años 70 y nadie quería comprarla, pues consideraban que el negocio no tenía futuro. Posteriormente, inventó la Cajita Feliz y diversas innovaciones que han trascendido fronteras. La familia Paiz pasó varios años educando al consumidor guatemalteco en el concepto de Despensa Familiar, pues no era fácilmente comprendido. Hoy, esta marca es parte del modelo de negocios de Walmart en diversos países.

Al apreciar las vivencias de emprendedores exitosos, vemos el resultado, pero no el proceso. Frecuentemente recibo llamadas o correos electrónicos de personas con brillantes ideas de negocios, pero sin el deseo real de asumir el riesgo.

Me dicen: "¿Conoce inversionistas que me apoyen?", pero al preguntarles qué están dispuestos a dar, algunos me han dicho: "Pero si lo importante es mi idea", o "No estoy dispuesto a dejar mi trabajo, pero espero que me den el capital". Si deseas emprender, deberás cuestionarte sobre aspectos delicados. Te comparto algunas preguntas que podrán ayudarte a explorar tu enfoque. Nadie estará dispuesto a invertir en una idea de la que tú no estés realmente convencido.

- ¿He creado algo que realmente agregue valor a un potencial usuario?
- ¿Estoy dispuesto a invertir tiempo a esta creación?
- ¿Estoy dispuesto a esforzarme por esta creación?
- ¿Estoy dispuesto a perder dinero?
- ¿Estoy dispuesto a perder tiempo?
- ¿Está dispuesta mi familia a que me dedique a esta creación?
- ¿Estoy dispuesto a ganar menos de lo que actualmente gano?
- ¿Estoy dispuesto a trabajar más horas de las que actualmente trabajo?
- ¿Estoy dispuesto a tener menos tiempo para mi vida personal?
- ¿Estoy dispuesto a tener alta variabilidad en mis egresos?
- ¿Estoy dispuesto a renunciar a mi trabajo por esta idea?
- ¿Estoy dispuesto a asumir deudas por esta idea?
- ¿Estoy dispuesto a vender mis bienes por esta idea?
- ¿Estoy dispuesto a minimizar mi presupuesto por esta idea?

Si has sido honesto y realmente piensas que aún no estás listo, puede ser por dos razones. La primera es que en realidad lo que deseas hacer no es tu llamado, no te apasiona, no tienes el talento para hacerlo o no has descubierto cómo hacerlo rentable. La segunda, es que el momento no es el adecuado y necesitas tiempo para prepararte.

Por el contrario, si estas preguntas te han motivado más aún y ya has definido algunas ideas preliminares de lo que quisieras hacer, coloca tu idea en esta matriz que te servirá para ir priorizando los enfoques y los emprendimientos que podrían tener mayor impacto en tu vida.

¿Dónde colocarías tu negocio?

Viabilidad:¿Qué tan factible es empezar el negocio o proyecto en el corto plazo?

Impacto: ¿Qué resultados concretos dará el negocio o proyecto en el corto plazo?

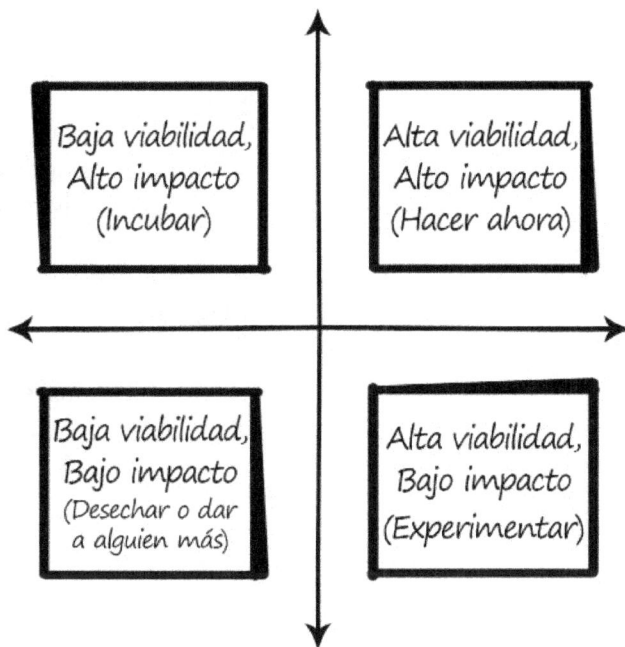

Si colocaste tu emprendimiento en el cuadrante superior izquierdo, probablemente necesites dedicarle más tiempo a la planificación. Puede que en este momento carezcas de todos los elementos necesarios para que sea un éxito.

Si colocaste tu emprendimiento en el cuadrante inferior izquierdo, probablemente no sea un emprendimiento para ti, pero podría serlo para alguien más. Recuerda que la clave es el foco.

Si colocaste tu emprendimiento en el cuadrante inferior derecho, es una excelente oportunidad para empezar y aprender (un lean startup). Estos emprendimientos podrían no ser exactamente lo que tienes en mente a largo plazo, pero es acá donde podrías ganar importante experiencia como emprendedor.

Si colocaste tu emprendimiento en el cuadrante superior derecho, ¡estás en la mejor posición! Es un emprendimiento que podrías iniciar en el corto plazo y que podría tener importantes resultados. Lo crucial es que valides con más personas si realmente tu emprendimiento se encuentra en esta posición. ¿Listo para empezar?

¿Sabes cuál es la clave del éxito, según diversos emprendedores que he entrevistado y estudiado? Para responderte, déjame hacerte un sencillo planteamiento. Había tres ranas sentadas en una hoja sobre un pantano. Una de ellas decidió saltar. ¿Cuántas quedaron? Pudiste pensar que quedaron dos, porque una decidió saltar. Talvez pensaste que no quedó ninguna, porque cuando saltó la primera, las demás se asustaron y la siguieron. Sin embargo, cualquiera de estas dos respuestas está equivocada. Quedaron tres. Una de ellas *decidió* saltar, pero nunca lo hizo. La clave, como hemos visto a lo largo del libro, es la ejecución. En la medida que tomes decisiones y te pongas manos a la obra, tendrás éxito. Te lo aseguro. Si ya has decidido empezar, estudiemos qué hacen los mejores.

Rasgos de los emprendedores exitosos

La motivación es lo que te hace comenzar; el hábito,
lo que te ayuda a continuar.
—Jim Ryun.

El Monopoly (1935)

Charles Darrow, un ingeniero sin trabajo, diseñó un juego en el cual se competía por grandes riquezas y el dominio total de bienes raíces de una ciudad. Pero él probablemente nunca imaginó que su creación, Monopoly, se convertiría en el juego de mesa más vendido de la historia. Su concepto no fue enteramente original. Pudo haber sido modificado del "Juego del Terrateniente", patentado en 1924 por Elizabeth Magie, quien también se basaba en la venta y renta de líneas de ferrocarril. Darrow creó la imagen del banquero que caracteriza este juego, nombró las propiedades a partir de las calles de la ciudad Atlántica, y ganó su propia patente en 1935. Primero trató de vender su idea a Park Brothers, pero lo rechazaron diciendo que tenía cincuenta y dos errores de diseño. Sin embargo, Darrow no se dio por vencido y vendió cinco mil sets hechos a mano en una tienda por departamentos de Filadelfia. Parker Brothers rápidamente cambió de opinión.

La galleta con chispas de chocolate (1933)

Ruth Wakefield, quien administraba un pequeño hotel llamado Toll House en Whitman, Massachusetts, inventó una de las comidas más populares de hoy. Su receta para hacer galletas de mantequilla requería chocolate para hornear, que ella no tenía a mano. En su lugar, cortó una barra de chocolate en pedazos, pensando que se iba a derretir en la galleta. Nestlé se impresionó tanto del éxito de la galleta que hizo un trato con Ruth: un surtido de chocolate de por vida a cambio de que les permitiera imprimir la receta. Ella aceptó, y las instrucciones de las galletas de Toll House todavía se encuentran en los paquetes de las chispas de chocolate de Nestlé.

El radio para carro (1930)

Cuando salió el primer Modelo T de Henry Ford, escuchar música en el automóvil significaba que los pasajeros debían cantar. Sin embargo, dos hermanos, Paul y Joseph Galvin, que habían comenzado la empresa Chicago Galvin Manufacturing para vender convertidores eléctricos para radios operados por batería, necesitaban nuevas fuentes de ingresos luego de la caída de la economía. Asociándose con William Lear, que era dueño de una compañía de repuestos para radio en el mismo edificio, y un ingeniero de audio llamado Elmer Wavering, instalaron el primer radio para automóviles en un Studebaker, en mayo de 1930. El siguiente mes, Paul condujo ochocientas millas a una convención de fabricantes de radio en ciudad Atlántica. Sin contar con un espacio en la convención, se parqueó cerca del evento y le subió el volumen a su invento, atrayendo a muchos de los asistentes. Los pedidos empezaron a llegar en 1933, incluyendo Ford que empezó a ofrecer radios instalados de fábrica de los hermanos. Entonces, Galvin Manufacturing cambió su nombre a Motorola.

Seleccioné casos de emprendimientos que surgieron en los años 30, justamente cuando Estados Unidos enfrentaba la Gran Depresión. ¿Crisis u oportunidad? ¿Recuerdas que mencionamos que los emprendedores no presentan rasgos psicológicos definidos? Lo que sí presentan, son comportamientos definidos. Tienen hábitos consistentes.

Alguien definió que ser empresario: "Significa tomar acciones humanas creativas para construir algo de valor a partir de prácticamente nada. Es la búsqueda permanente de la oportunidad, independientemente de los recursos disponibles o de la carencia de estos. Requiere una visión y la pasión junto con el compromiso para guiar a otros en la persecución de dicha visión. También requiere la disposición de tomar riesgos calculados".

El sistema educativo actual no estimula el desarrollo del espíritu emprendedor. De hecho, enseña el conformismo y la disposición al trabajo en relación de dependencia. Poco se toman en cuenta las habilidades creativas de los niños, aunque la creatividad es el componente fundamental para la mayoría de los empresarios.

¿Qué características presentan los mejores emprendedores?

Interés por el negocio. El empresario debe tener más que una actitud casual por el negocio, porque deberá enfrentar y vencer muchos obstáculos y problemas. Si no tiene la pasión o un propósito que lo impulse, el negocio no tendrá éxito. El compromiso personal o emocional debe reflejarse en la tenacidad que tenga para llevar sus ideas a la práctica.

Perseverancia a pesar del fracaso. El fracaso debe ser aceptado como una experiencia de la que se aprende. Los obstáculos y problemas a vencer son pruebas permanentes, por lo que debe ser persistente y no declararse vencido con facilidad. Muchos empresarios alcanzaron el éxito solo después de haber pasado por varios fracasos. Hay que fijarse objetivos que guarden relación con tu capacidad y conocimientos. No se trata de lograr el ideal, se trata de lograr resultados aceptables, aunque no perfectos. Se ha dicho que "los empresarios de éxito no tienen fracasos, sino experiencias de aprendizaje". Antes de tener éxito, Walt Disney y Henry Ford fracasaron en varias oportunidades.

Confianza. Hay que elegir una actividad que te permita expresarse en forma creativa, además de posibilitar el desarrollo personal y profesional. No hay que subestimar las facultades y capacidades propias. Los empresarios tienen confianza en sus habilidades y en el concepto de negocio. Creen que poseen la habilidad de lograr todo aquello que se propongan. Esa confianza tiene su fundamento. Es común que tengan un conocimiento profundo del mercado y la industria que le haya demandado meses o quizá años de investigación, ya que se debe saber lo más posible sobre la actividad que se escoge. Muchas veces, estos conocimientos pueden convertirlo en un experto con las ventajas que esto implica.

Autodeterminación. La automotivación y la autodeterminación son elementos para el éxito. El empresario actúa por voluntad propia y nunca se considera víctima del destino. Está convencido de que el éxito o fracaso dependen de sus propias acciones. Quien cree que la economía, la suerte u otros factores externos determinan sus logros, probablemente no triunfará como empresario.

Control del riesgo. Es frecuente pensar que a los empresarios les gusta tomar altos riesgos. Esto no es cierto. En general, tratan de minimizar los riesgos y para lograrlo, recurren a su propia experiencia o a la asesoría profesional, antes de tomar una decisión importante. Además, evalúan la oportunidad de llevar una idea a la práctica. Muchas personas adquieren experiencia trabajando en otras empresas antes de comenzar su negocio; esto les posibilita disminuir riesgos. No invierten todos sus recursos y tiempo en su empresa, sino hasta que parezca viable. Asumir riesgos es una cualidad empresarial, de lo contrario, sería imposible aplicar las ideas y transformarlas en realidades. Pero se trata de riesgos calculados que a menudo se asumen con mayor fuerza durante una etapa temprana del proyecto y se procura reducir lo antes posible.

Los cambios y las oportunidades. Los empresarios son personas que tienen la capacidad de descubrir y evaluar oportunidades de negocios, de reunir los recursos necesarios para aprovecharlas y de actuar en forma apropiada para lograr el éxito. Para la mayoría de personas, es frecuente que el cambio sea algo aterrador que debe evitarse. Sin embargo, para los emprendedores, el cambio es algo normal. Lo buscan, responden a este y lo aprovechan como una oportunidad. Esta adaptación al cambio constituye la base para promover la innovación.

Creatividad y visión de conjunto. La imaginación es uno de los rasgos distintivos de los empresarios y una de las razones por las que logran el éxito. Tienen la capacidad de detectar oportunidades que la mayoría de personas no ven. Además, captan los distintos escenarios y las circunstancias alternativas. Es frecuente que los emprendedores vean las cosas en una forma integrada. Tienen la capacidad de ver el "conjunto" mientras otros solo ven las partes. Existe un proceso de reconocimiento del terreno que se basa en captar la información, lo que le permite ver todo el ambiente del negocio y le ayuda a visualizar el panorama de la actividad que desarrollará. También le permite determinar el escenario competitivo.

Iniciativa y perfeccionamiento. Una cualidad distintiva de los empresarios que logran éxito en sus negocios es que tienen empuje y dinamismo para actuar, llevando a la práctica sus ideas. Muchas personas pueden tener buenas ideas, pero si no se convierten en acción, es imposible lograr los propósitos. Un buen empresario también demanda calidad y eficiencia. Se esfuerza por hacer las cosas mejor, más rápido y de forma más conveniente. Trata de alcanzar y sobrepasar los estándares de calidad.

La motivación. Los empresarios no solamente están guiados por el afán de ganar dinero. Existen otros factores de motivación que son tan importantes como las ganancias. Algunos de los más relevantes son dedicarse a una actividad que les permita emplear sus capacidades y talentos personales, disponer de su vida con mayor independencia, construir algo para la familia, encontrar satisfacción enfrentando riesgos y desafíos, vivir en el lugar y de la forma que elijan, entre otras. En corto, una mentalidad de abundancia y crecimiento.

Evaluación de mis rasgos como emprendedor

Responde estas preguntas en tu cuaderno personal.

- ¿Cómo me siento?
- ¿Estoy listo para emprender?
- ¿Qué debería considerar antes de emprender?
- ¿Tengo una clara pasión por el negocio que deseo emprender?
- ¿Seré perseverante, aunque fracase la primera vez?
- ¿Tengo confianza en mis habilidades emprendedoras?
- ¿Soy una persona con motivación?
- ¿Veo una oportunidad en los cambios?
- ¿Soy creativo?
- ¿Cumplo lo que digo que haré?
- ¿Tengo un genuino deseo por iniciar mi negocio?

Generar ideas de negocios

*La persona realmente creativa está motivada por sus ganas de alcanzar
el objetivo y no por sus deseos de derrotar a los demás.*
— Ayn Rand.

Para este momento, quizá ya tomaste la decisión de emprender. Las siguientes preguntas a responder: ¿Tienes la idea de negocio? ¿Has identificado la oportunidad?

¿Sabías que...?

IBM empezó en el negocio de alambres y cableado y luego se expandió a relojes. Sus ventas en durante la década de los año 20 eran de unos pocos millones de dólares. Su exitosa computadora para la oficina y luego, su computadora personal surgen mucho después.

La corporación Polaroid fue fundada con un producto basado en el principio de la polarización de la luz a partir de la idea de que las lámparas polarizadas podrían prevenir accidentes de tránsito provocados por el reflejo de luces de otros carros de frente al conductor. La compañía creció para ser un líder en la industria de otra aplicación de la misma tecnología: la fotografía instantánea.

La Cajita Feliz de McDonald's surgió en Guatemala, luego de que Yolanda de Cofiño

observara que las familias compraban menús para sus hijos, pero había mucho desperdicio por el tamaño de las porciones. Entonces, se creó el concepto de menú infantil que revolucionó la industria de comida rápida a nivel mundial.

La idea de Café Barista surgió en 1993 en una visita que Walter de la Cruz hizo a Nueva Orleáns. Pero fue hasta el año 2004 cuando oficialmente abrió el primer café. Le tomó once años de preparación crear el concepto que pasó de idea a un exitoso emprendimiento.

¿Dónde puedo buscar inspiración de ideas de negocio?

Categoría	Dónde puedo inspirarme
Inventos. ¿Qué hay nuevo?	HeroX Kickstarter United States Patent and Trademark Office
Intereses personales o hobbies. ¿Qué me gusta hacer en tiempo libre?	Discover a Hobby.com Not So Boring Life.com
Convenciones o congresos. ¿Dónde conozco más personas como yo?	Asociaciones relacionadas a su emprendimiento Clubes Profesionales
Búsqueda de nuevos productos o servicios que no se comercializan localmente. ¿Qué hay en otros mercados que podrían funcionar localmente?	Alibaba.com Amazon.com Ebay.com
Trending Topics en Google o Twitter. ¿Qué está siendo relevante en el mundo hoy?	Twitter.com Google Trends Tweet Deck
Lectura de textos académicos o revistas especializadas. ¿Cuál es la tendencia de investigación sobre algo?	Google Scholar Magazines.com
Viajar es vivir. ¿Qué experiencias puedo vivir que me permitirían ver otras realidades?	TripAdvisor.com Alliance Abroad

¿Qué puedo hacer?

Anota las tareas que deberás realizar para buscar nuevas oportunidades de negocio.

Observa sistemáticamente los cambios. De todo lo dicho hasta aquí, deducimos una importante conclusión: es fundamental observar los cambios que se producen en el entorno empresarial, económico y social. Esta observación debe ser sistemática, organizada y rigurosa, basada en datos objetivos y validados por el contacto directo, no por la intuición. La segunda conclusión es que una idea modesta surgida de la observación social puede ser una mejor oportunidad de negocio que un aparentemente brillante invento técnico. Es muy importante notar que la primera opción, la idea modesta, es mucho menos arriesgada que la segunda. No hay que olvidar que el emprendedor asume riesgos moderados y no es un jugador de ruleta.

Si realizamos este ejercicio de observación de los factores de cambio social, obtendremos con bastante rapidez una lista de posibles oportunidades de negocio, basándonos en las nuevas necesidades que dichos cambios generan. Veamos algunas.

Cambio en los ingresos personales. Un aumento significativo de los ingresos personales de la población o de un segmento, puede generar, en sociedades desarrolladas como las nuestras, nuevas necesidades como actividades relacionadas con el cuidado personal: gimnasios, dietética, vestuario, peluquerías, clínicas de cirugía estética. También puede generar preocupación por un mayor confort en la vivienda: calefacción, aire acondicionado, electrodomésticos más sofisticados, decoración. O bien podría motivar compra o alquiler de la segunda vivienda. Inversión en entretenimiento y estilo de vida, restaurantes, informática y robótica.

Cambio en el nivel educativo. Si lo que observamos es una elevación considerable del nivel educativo de cierta población, las nuevas necesidades podrían ser de formación: perfeccionamiento profesional, idiomas. libros, revistas y periódicos. Bibliotecas Digitales. Sensibilidad creciente por la ecología y el medioambiente: creación de empresas dedicadas a nuevos procesos de reciclaje o prácticas ecoamigables. Mayor sensibilidad por el hábitat urbano: actividades de rehabilitación de edificios.

Cambio en el tiempo libre. Un tercer factor de cambio en la mira puede ser la confirmación de que la gente tiene más tiempo libre y cada día le da más importancia a los hobbies o intereses creativos. De ahí pueden surgir nuevas necesidades de este tipo.

Deporte: centros y tiendas especializados. Centros de desarrollo de la creatividad: escuelas de artes plásticas, cinematografía, teatro, bricolaje, instrumentos musicales, danza. Espectáculos. Viajes. Jardinería: enseñanza, utensilios, plantas, libros.

Cambio en la esperanza de vida. En nuestra sociedad se produce un importante cambio sobre la esperanza de vida de la población. La atención médica y el avance científico alargan la vida de las personas. Ello crea nuevas necesidades: servicios médicos especializados para ancianos, geriatría. Residencias especializadas, agencias de cuidados. Viajes y actividades recreativas para la tercera edad. Creación de infraestructura y servicios especialmente pensados para gente mayor.

Cambio en la actividad laboral de la mujer. El desarrollo económico y cultural de un país implica, en determinada fase, un incremento notable del porcentaje de mujeres que trabajan fuera del hogar. Este factor de cambio genera numerosas necesidades nuevas: guarderías, servicio doméstico, nuevos productos alimenticios de fácil preparación: precocinados, congelados; nuevos electrodomésticos: congeladores, hornos microondas, etc. Revistas específicas para la mujer que trabaja.

Cambios en las formas de vida: la soledad. El número de personas que viven solas aumenta en sociedades urbanas, sea porque no se casan, porque están separadas o son viudas o porque están de paso por razones profesionales. Ello genera nuevas necesidades específicas: apartamentos amueblados, electrodomésticos individuales para personas solas, nuevas presentaciones y empaques de alimentos individuales (congelados, sopas preparadas); agencias matrimoniales y de contactos; centros de organización de actividades recreativas: clubes, asociaciones, tertulias.

Cambios en los temores de la población. En nuestra sociedad surgen temores o se enfatizan los que ya existen: miedo a la guerra, al robo, a la violencia, a los accidentes aéreos, por ejemplo. Entonces, se originan nuevas necesidades que pueden ser buenas iniciativas para empresas: refugios antiterremotos o antinucleares, puertas blindadas, guardas personales: de estacionamientos, edificios, empresas, almacenes; sistemas de alarma, nuevas modalidades de seguros.

Cambios en el mercado laboral. Las sociedades que perciben un incremento importante en la cifra de desempleados enfrentan nuevos problemas que generan necesidades: escuelas privadas de recalificación profesional en actividades específicas, posibilidades de trabajo autónomo o a domicilio, actividades de trabajo voluntario no lucrativo, negocios digitales como Freelancer.com.

Cambios en el entorno energético. La creciente escasez de los recursos energéticos tradicionales plantea necesidades: nuevas fuentes de energía solar, termal, eólica; métodos para reducción del consumo energético.

Cambios en los negocios digitales. En los próximos años, más de 3 billones de personas ingresarán al mercado global digital. Esto implica un aumento exponencial de oferta y demanda. Existen infinitas necesidades nuevas que se pueden satisfacer en el comercio electrónico. Piensa en cómo Amazon o Alibaba, ambos distribuidores digitales, son competidores de Walmart. Mira cómo Amazon también fue determinante para el cierre de la librería Borders; también puedes notar cómo Barnes and Nobles Digital está provocando que disminuya el volumen de tiendas de esta cadena de librerías.

Evaluación de la idea de negocio

¿Qué cambios observas en tu entorno? Anótalos. Cuando identifiques una situación capaz de brindarte alguna sólida oportunidad de negocio, necesitarás determinar alguna oportunidad específica, si la hubiera. Además, deberás evaluar tu potencial antes de llevar a cabo un plan de negocio detallado. Es muy posible que identifiques y descartes muchas ideas antes de adoptar aquellas que te parezcan comercialmente viables. Entonces, hay algunas interrogantes que puedes responder y que te ayudarán a determinar la oportunidad y evaluar tu potencial rendimiento empresarial:

- ¿Existirá un mercado suficientemente grande?
- ¿Los costos son suficientemente bajos como para hacer que el negocio sea rentable?
- ¿Existe la posibilidad de crecer?
- ¿Cuál será la fuerza de la competencia?
- ¿Poseo las capacidades/conocimientos necesarios?

Además, completa estas frases para obtener un perfil de tu posible emprendimiento. Recuerda realizar estos ejercicios en tu cuaderno personal que resultará una bitácora muy valiosa.

- Mi idea de negocio al momento es:
- El mercado para este producto o servicio es:
- ¿En cuánto podría venderlo?
- ¿Cuánto costaría ofrecerlo?
- ¿Cuál sería la ganancia esperada?
- ¿Cuánto espero crecer?
- ¿Qué hará la competencia cuando inicie operaciones?
- ¿Cuáles son mis capacidades y conocimientos para hacerlo?
- ¿Este negocio es compatible con mi propósito?
- ¿Este negocio me apasiona?
- ¿Tengo el talento para hacerlo bien?
- ¿Puedo hacerlo rentable?

Permíteme compartirte una experiencia muy enriquecedora que te servirá durante este tiempo de reflexión que nos estamos tomando respecto al emprendimiento como estilo de vida, antes de pasar a cuestiones más prácticas como el plan de negocios.

Cine en Centroamérica

"Creemos que Carlos no perdurará en la universidad. Recomendamos que no estudie eso sino que se quede en una carrera técnica." Con estas palabras, mis orientadores del colegio hacían un intento por sentenciar mi futuro, sin embargo, mis padres creían en mí y me motivaban para avanzar en lo que yo decidía emprender.

Años después, mientras daba mi discurso como delegado ante la Organización de Estados Americanos (OEA) en Ginebra, Suiza, pensaba en esas palabras. ¡Qué tal si las hubiera creído! No hubiera representado orgullosamente a Guatemala ante el mundo, como alguien que demostró que es posible alcanzar el éxito, aún con dislexia[2]. Ahora soy uno de quienes proponen hacer de la tecnología un medio de enseñanza, impulsando el trabajo de la Fundación CA que sueña con cambiar la vida de muchas personas que aprenden de forma distinta.

Mi nombre es Carlos Arguello. De padres nicaragüenses, nací en Guatemala con habilidades "especiales". Estas habilidades moldearon mi vida. Tenía problemas para mover los ojos y por ello no podía leer bien. Confundía las letras y me frustraba al ver que mis maestros no comprendían lo que me pasaba. Era un niño inquieto, que disfrutaba del dibujo, la pintura y en general, de plasmar o crear lo que pensaba.

Inicié estudiando arquitectura, pero a los 17 años, descubrí que los métodos de enseñanza en Guatemala eran muy lejanos a la visión que tenía. "¿En qué podría trabajar si me gradúo?", pensaba inquieto. No deseaba ser un arquitecto tradicional, ni trabajar en diseño gráfico. Me apasionaba la tecnología, las artes y los juegos electrónicos. Meditando en mis opciones locales, decidí emprender un viaje que cambiaría mi vida.

Sin hablar el idioma y sin dinero en Estados Unidos

Mudarse a Estados Unidos sin saber inglés, sin dinero y con 17 años no fue tarea fácil. Mi tía me acogió en su casa y fue el inicio de una nueva experiencia que me hizo crecer rápidamente, convencido de que todo lo que se quiere se puede lograr con trabajo y dedicación.

---

[2]   Trastorno de la lectura que imposibilita su realización correcta

Sabía que para trabajar en lo que me apasionaba debía estudiar, y que para estudiar necesitaba dinero. Así que busqué trabajo y encontré en un restaurante en Palo Alto, entre San Francisco y California. La cocina no era mi fuerte y con un inglés de pocas palabras, mi desempeño era un reto. Sin embargo, me dieron la oportunidad de ser anfitrión del restaurante. La paga no era mala, pero sabía que si quería costear la mejor universidad para diseño, la *Academy of Arts*, tenía que ser mesero, porque las propinas eran buenas. Pasé tiempo practicando mi inglés, preparándome largas horas para hablarlo, pensarlo y escribirlo. Poco a poco, me exponía más y más a los clientes y fue creciendo mi confianza.

Cómo pagar la universidad

¡Fui aceptado en la *Academy of Arts*! Me sentía eufórico, pero el siguiente reto era pagarla, así que debía trabajar de fijo como mesero y lo hice durante seis años. Las jornadas eran extenuantes, pero no me di por vencido, solo pensaba en la meta de graduarme de la universidad. Sabía que eso me abriría caminos y me acercaría a mis sueños.

Seis meses antes de graduarme, a mí y a un compañero de clases de Italia nos ofrecieron la oportunidad de trabajar en una empresa de ciencia y tecnología como pasantes. Fue un proceso muy competitivo de selección y aunque pasaría ocho meses sin recibir sueldo, sabía que trabajaría con equipos de $90,000 dólares y tendría la oportunidad de crecer en experiencias, como profesional y como persona. Pienso en qué pudieron ver en mí para seleccionarme y creo que fue el entusiasmo que mostraba en mi trabajo. ¡Me apasionaba lo que hacía!

Director artístico a los veintitrés

A los veintitrés años era director artístico de la compañía y empezamos a ganar premios internacionales. También comencé a experimentar con pintura tecnológica, y aunque la industria aún era incipiente y mis pinturas eran las primeras de la época, tenía exhibiciones de mi trabajo en Francia, Alemania y Japón.

Me sentía en la cúspide de mi carrera, celebrando los éxitos que podía compartir con mi equipo. Sin embargo, una crisis me obligó a cambiar de rumbo y replantear mi ruta. Me avisaron que la empresa había quebrado y que me quedaba sin trabajo.

La crisis y la oportunidad de volver a empezar

El cambio drástico me forzó a buscar alternativas. Investigué sobre las tendencias de la industria y visualicé que en el entretenimiento y en las nuevas tecnologías digitales estaba la respuesta. Me incorporé a trabajar en la producción del video "Black or White" de Michael Jackson, que debutaría en noviembre de 1991, siendo el primer single del disco *Dangerous*. Colaboré en varios efectos especiales, particularmente en una secuencia final en donde se alteran las caras de diversas personas. Fue un privilegio trabajar con personas tan talentosas, que habían dado vida al clásico *Terminator*.

Esa experiencia me permitió abrirme nuevas puertas. En una oportunidad, pasé por catorce entrevistas y dos días de pruebas extenuantes, me dieron un trabajo que me retaría. La compañía que ahora pertenece a Dreamworks, que entre muchas películas llevaron a la vida a Shrek, me dio trabajo y comencé haciendo animaciones. En poco tiempo ascendí a director artístico, y antes de dos años, era director artístico general de toda la compañía. Éramos treinta colaboradores y hoy en día son más de setecientos. Yo era el único latino en la industria.

Fue curioso que en una reunión, alguien de España me dijo que desde hacía años fue siguiendo mi nombre, ya que era el único Carlos que salía en los créditos de las películas. Luego, avanzados los 90, muchas personas de diversos países de Latinoamérica estaban involucrados en la industria.

Aprendizaje en la expansión

La demanda de vídeos y animaciones en esa época fue de crecimiento exponencialmente, así que cinco delegados fuimos enviados a abrir sucursales en Los Ángeles. Durante dos años trabajé la mitad de mi tiempo en San Francisco y el resto en Los Ángeles. En ese tiempo hicimos películas como *Natural Born Killers*, dirigida por Oliver Stone y producida por Disney; *Space Jam*, *Armageddon* y *El Abogado del Diablo*, entre otras. Tuve la oportunidad de compartir con Michael Bay, el director de *Transformers*, en la película *Batman y Robin*.

Como es de esperarse, la innovación es clave en esa industria, pero no es fácil crearla de un momento a otro.

La decisión de emprender y las primeras barreras

La decisión de emprender fue una combinación de oportunidad, experiencia que ya había acumulado y una genuina pasión por el entretenimiento y la industria de la creatividad. Estados Unidos cambiaba y yo también. Pensaba en mis prioridades de vida y en que deseaba impactar en el desarrollo de la región, entonces, nació la idea. Soñé con una Guatemala donde los jóvenes vivieran una cultura de innovación. Hoy ese sueño es una realidad, ya que un joven puede trabajar en películas, lo que antes era imposible.

Regresé a Guatemala e inicié la empresa Studio C como uno de los estudios cinematográficos pioneros en Latinoamérica. Me establecí en Antigua. No fue fácil emprender. Escuché mucho: "Acá no hay nada de eso", "Acá no podrás hacer eso", pero si había logrado abrirme campo en Estados Unidos a los diecisiete años y sin nada, sabía que todo era posible. "Si se quiere se puede", pensé.

Mi primer cliente fue un proyecto social, el Centro de Investigaciones Regionales de Mesoamérica (CIRMA) había realizado un estudio sobre discriminación en Guatemala y deseaban que los jóvenes aprendieran del tema. Conversamos respecto a cómo convertir el estudio en imágenes y crear la exhibición.

En dos años hicimos trabajos locales; Estudio C llegó a ser una empresa integrada por treinta colaboradores y trasladamos la exhibición a Cuatro Grados Norte en la ciudad Guatemala.

Clientes internacionales y el choque cultural

Nuestro crecimiento acelerado se dio gracias a los buenos contactos que había cultivado a lo largo de los años. El primer cliente internacional fue Universal Studio. Nos habían dado parte del proyecto de *Las crónicas de Riddick*, protagonizada por Vin Diesel. Nuestro segundo contrato fue con Dreamworks para trabajarles *El Aro 2*, y el tercero fue Fever Pitch para Fox. Estas referencias nos trajeron contratos con Universal nuevamente para realizar efectos en *Rápido y Furioso*. Muchos de los efectos orgullosamente fueron hechos en Guatemala.

Entender la industria cinematográfica puede ser complicado. Sin embargo, entender los efectos especiales es cuestión de una regla general. El presupuesto general tiene designado aproximadamente el 50% a efectos. Un contrato total, por lo tanto, en promedio, puede ser de $50 millones de dólares, repartidos en diversas compañías que hacen los efectos. Por economías de escala y presión por optimización de costos, las productoras dividen sus presupuestos entre varios contratos, siempre velando por indicadores clave de calidad y exactitud en sus entregas. Un retraso en efectos puede significar millones en pérdidas. Es, por lo tanto, una industria en donde debe existir el trabajo en equipo. Debo confiar en lo que otras personas o equipos hacen.

Debo confesar que crecí con alma latina, pero tengo cerebro y corazón de trabajo gringo. Aprendí la ética de trabajo de Estados Unidos. En Guatemala nos cuesta decir que no a las cosas y existen muchos problemas de comunicación interna. Es un lujo que no podemos darnos, pues la globalización demanda un trabajo distinto, más conectado, más comunicado. Esa quizá es la barrera cultural más difícil de superar entre los guatemaltecos y los americanos para quienes trabajábamos. "¿Cómo vamos a trabajar en Semana Santa?", era un comentario que escuché una vez mientras trabajábamos en una cuenta. Los americanos esperaban la entrega y nosotros no podíamos pensar en vacaciones. ¡Sobre todo en una empresa que empezaba a acreditarse!

La búsqueda de talento

Conseguir talento calificado para una industria que aún no existía en Guatemala fue una labor titánica. Optamos por contratar a quienes tenían las mejores habilidades de aprendizaje y desarrollamos nuestros propios métodos.

La empresa que inició como un estudio de animación debió cambiar a un grupo de empresas. Debíamos formar nuevos sistemas educativos para preparar a nuestro talento, además de fortalecer la cultura de trabajo. Así nacen varias divisiones de la empresa. Incluso hemos creado textos alrededor de cómo enseñar esta tecnología y nuestro trabajo se ha expandido al sector público.

Mi dificultad para aprender se convirtió en soluciones concretas para miles de niños y niñas. Colaboramos en proyectos para hacer de las matemáticas algo sencillo, interactivo y divertido. De hecho, realizamos un proyecto con *Boys and Girls Hopes* de Estados Unidos con el que enseñamos a niños de la zona dos de Guatemala con estas técnicas interactivas.

Hacer un prototipo de este sistema en Estados Unidos puede costar $1 millón de dólares, pero hacerlo en Guatemala es casi cuarenta veces más económico.

Con el crecimiento de las iniciativas, la búsqueda de talento fue complicándose más. Descubrí que debíamos trabajar como región, pensando en Centroamérica. Sueño con una generación de jóvenes que puedan hacer productos de alta calidad (vídeos, películas, animaciones). Eso nos ha llevado a establecer Studio C en México, Los Ángeles, Costa Rica, Colombia y por supuesto, en Guatemala.

Creo que la industria audiovisual, como eje de desarrollo en los países, se está volviendo cada vez más importante. En Guatemala, veo una generación que tiene todas las posibilidades de trabajar en tecnología y creatividad. Sin embargo, muchos jóvenes que pueden facilitar esta transición ya viven fuera del país, así que Guatemala debe abrir sus puertas ya que no podemos trabajar solos; debemos conectarnos con los países más avanzados. Colombia y México son ejemplo de cómo la industria puede desarrollarse. Es imprescindible acelerar los procesos educativos para promover la transferencia de conocimientos.

El segundo eje que visualizo para promover las industrias de la creatividad es el capital de riesgo. Es necesario promoverlo para que nuevos proyectos de alto potencial puedan emerger. Me impresionó ver que en México y en Colombia es posible invertir en una película en sustitución del pago de impuestos, ya que se está incentivando el desarrollo de las industrias creativas. El Servicio Nacional de Aprendizaje en Colombia –SENA- está promoviendo ágilmente la educación. Es acá donde el gobierno está colaborando. De hecho, está apoyando a Studio C Colombia. En resumen, he visto que las personas invierten en películas y el gobierno invierte en la educación del talento.

Para crecer, Studio C trabaja en coproducciones entre Guatemala, México, Colombia y Estados Unidos. Tenemos un área de producción de películas con Disney, lo que nos ayuda a demostrar la viabilidad del proyecto. El sueño es grande, pero es necesario el aprendizaje acelerado y la transferencia de mejores prácticas entre países.

Un vistazo al futuro

Lo interesante de la industria del entretenimiento es que crece en momentos de crisis. Con la globalización, es más fácil comunicar temas de forma visual, por lo que las industrias se están moviendo a lo audiovisual. Lo que estamos enseñando a los jóvenes de Studio C no solo aplica para hacer películas, sino para productos didácticos, diseño de ropa, ciencia, arquitectura, textiles, simulación, etcétera. Esta es de las industrias más sanas que conozco. Iniciamos como una empresa guatemalteca y fuimos pioneros en ello, pero hemos combinado la juventud con la alta tecnología en una empresa regional.

"No tienes la capacidad de estudiar" son las palabras que aún recuerdo que me dijeron, pero realmente, no hay que limitar los sueños. Debemos acostumbrarnos a compartir ideas, ya que vivimos en un mundo de desconfianza. Realmente, hay que unirse y trabajar como una región. Dejemos de hablar como país y pensemos en equipos. Veamos a nuestro país proyectándose hacia el extranjero. Creo veo el mundo desde una perspectiva diferente, pero así nací, según algunos era un problema...que se ha convertido en mi mejor herramienta para emprender exitosamente.

Así es como Carlos Argüello habla sobre su emprendimiento, aquello que la apasiona y con lo que combinó dones, talentos y rentabilidad, lo que provocó una proyección y trascendencia increíbles. ¿Qué podemos aprender de su experiencia? ¿Qué debemos mejorar antes de emprender? ¿Qué hemos descubierto que podría poner en riesgo el negocio que tenemos en mente? ¿Estás listo para tomar la decisión de emprender? El siguiente paso es planificar.

Una reflexión antes de iniciar

Si pudiera resumir mi aprendizaje más importante durante estos años es que la razón por la que quiero emprender es el elemento que determina si un negocio será exitoso en las etapas iniciales de la travesía. Los negocios que trascienden nacen con una causa poderosa, articulan claramente el problema que desean resolver. Los negocios que fracasan son los motivados por mitos como: "Con un negocio propio puedo hacer más dinero", "Soy mi propio jefe", "Los empresarios son dueños de su tiempo". Ya hemos visto que estas son verdades a medias, ya que la verdad absoluta es que un emprendimiento requiere esfuerzo, convicción y pasión.

Preguntarnos cuál es nuestro sueño, nos ha obligado a reflexionar con sinceridad sobre nuestro propósito, pasión y talentos. Si el deseo de alguien es hacer dinero o escapar del jefe, quizá no responda con sinceridad a dicha pregunta, sin embargo, para ser exitosos, realmente debemos poner los pies sobre la tierra y saber a lo que nos enfrentamos. ¡Manos a la obra!

Del sueño a la realidad:
El plan de negocios

Los que no se arriesgan, pueden evitarse el sufrimiento y el dolor pero no pueden aprender, sentir, crecer, cambiar, amar.
— Eileen Caddy

Hacer estrategia es un arte más que una ciencia. Anualmente, se escriben miles de libros

de estrategia, aunque los principios son los mismos. Me he permitido resumir la teoría de estrategia en un modelo que he denominado las 3E's de Julio Zelaya: Escaneo, Elección y Ejecución. Mi intención es que lo apliques a través de preguntas y pasos concretos. Al final de esta sección, tendrás acceso a un esquema de un plan de negocios que podrás usar para tus propias idea de negocios.

Escaneo

Esa etapa pretende que identifiques oportunidades en el entorno, es decir, todo aquello que te ayudaría en tu negocio. También que identifiques amenazas del entorno, es decir, todo aquello que te perjudicaría, además de tus fortalezas y debilidades como empresario y la idea en general. Para ello, nos valdremos de un FODA. Muchos de los elementos de este análisis ya están enunciados en ejercicios anteriores del libro. Es ahora donde integraremos todo. Responde estas preguntas en tu bitácora, enumerando las opciones que tienes en cada una.

- ¿Cuál es mi modelo de negocio? Es decir, si tuvieras que escribirlo a alguien que no sabe nada del negocio, ¿Cómo explicarías tu emprendimiento?
- ¿Tengo a las personas adecuadas para empezar? Es decir, el talento clave que se requiere.
- ¿Cuentas con acceso a recursos? No hablo de tener todo el capital de trabajo o dinero que necesitas, pero sí el acceso a

ellos a través de préstamos, parientes que te apoyan, ahorros, formas de crédito, por ejemplo.

- ¿Tienes a la mano un listado de al menos diez clientes reales que consideres que están interesados en tu producto o servicio?
- ¿Cuáles son los factores clave de tu emprendimiento? En negocios de alimentos será una licencia sanitaria, en un negocio de tecnología la patente o licencia que te ampare, entre otros.
- ¿Cuentas con esos factores clave? Si no, ¿cuándo los tendrías?
- ¿Tienes buena asesoría legal?
- ¿Tienes buena asesoría fiscal y contable?

Anota lo que te han dicho al menos diez clientes potenciales sobre tu idea de negocio. Si no has salido a la vida real a validar tu idea, ¡ahora es el momento de hacerlo! Reproduce este cuadro en tu bitácora y haz el ejercicio.

Nombre de cliente potencial	Lo que dijo positivo	Lo que dijo negativo	Notas importantes de la conversación

Análisis FODA: Fortalezas, Oportunidades, Debilidades y Amenazas

Este es un análisis de la situación interna y externa de una empresa, lo que determina sus fortalezas, oportunidades, debilidades y amenazas. La situación interna se compone de dos factores controlables: fortalezas y debilidades, mientras que la situación externa se compone de dos factores no controlables: oportunidades y amenazas.

Ejemplos de fortalezas:

- Cuento con estudios universitarios de administración de empresas.
- Cuento con ahorros que me permiten vivir durante tres años sin percibir ingresos.

Ejemplos de debilidades:

- Tengo mal récord crediticio para pedir un préstamo.
- Tengo pobre dominio del idioma inglés y me interesa negociar con Estados Unidos.

Ejemplos de oportunidades:

- Se aprobará una ley que promueva nuevos emprendimientos.
- Las inversiones en el área en la que deseas emprender está aumentando 50% al año.

Ejemplos de amenazas:

- Hay riesgo de una recesión prolongada.
- Está aumentando el precio del petróleo.

Con los elementos que has recopilado hasta el momento, elabora tus FODA como empresa y como emprendedor, es decir, elabora un FODA personal y uno específico sobre tu idea de emprendimiento. No tomes este ejercicio a la ligera. Como escribió Sun Tzu: "Lo que se suda en el campo de entrenamiento no se sangra en el campo de batalla". Este ejercicio podría determinar el éxito o fracaso de tu negocio.

Elección

El deseo cumplido regocija el alma.
– Proverbios 13:19.

Al llegar a este paso de las 3E's, deberás definir tu estrategia. ¿Qué haré? ¿Qué no haré? Estas dos preguntas son las más importantes para elaborar una estrategia. Es usual definir lo que se hará en el negocio, pero casi nunca se define lo que no se hará. Recuerda, si tu negocio empieza a tener éxito, se ampliarán tus oportunidades. Se acercarán personas a ofrecerte alianzas, sociedades o nuevos productos y servicios. Tu estrategia te dará la pauta para decir sí o no a lo que vendrá.

Una estrategia es un conjunto de acciones que se llevan a cabo para lograr un determinado fin. Proviene del griego ΣΤΡΑΤΗΓΙΚΗΣ Stratos = Ejército y Agein = conductor, guía. En resumen, la estrategia responde a la pregunta ¿cómo lo lograremos? Analicemos un caso de estrategia y su importancia para escoger entre varias alternativas.

El emprendedor Tony Fadell llevó a Apple una idea que consideraba con potencial: un reproductor de audio. Luego de ser contratado como consultor independiente y trabajar en el perfeccionamiento del concepto durante nueve meses, Apple lanzó el IPOD, el 23 de octubre del 2001. Para noviembre de 2008, más de 175 millones de unidades se habían vendido en todo el mundo. En los años 2005 y 2006, las ventas de IPOD representaron el 58% del total del crecimiento de ventas de Apple. Para 2008, representó, en promedio, 21% del total de crecimiento de ventas. En el mercado, el IPOD ha creado una industria de accesorios que BusinessWeek ha valorado en más de un billón de dólares solamente para Estados Unidos. Anualmente, se fabrican estuches, audífonos, moduladores FM, accesorios para ropa, interfaces para vehículos, equipos de sonido, bocinas especiales, entre otros. Se estima que el mercado de accesorios crece a un ritmo superior a la tasa de crecimiento de ventas de IPOD. Si fueras el CEO de Apple, Steve Jobs, ¿No te sentirías tentado a hacer accesorios de IPOD? Este es un claro ejemplo de lo que es tener estrategia. El trabajo de Steve Jobs es negarse. A pesar de la tentación de ingresar en este negocio altamente rentable, se limita a responder: "Ese no es nuestro negocio" y se concentra al negocio principal de Apple, el conocido por todos: crear herramientas para mentes creativas.

¿Cómo manejas tu negocio? ¿Le dices que sí a todas las oportunidades, o sabes elegir, de acuerdo con tu estrategia? El rol de la estrategia es escoger entre alternativas. Si analizas el modelo de Apple, encontrarás que tienen claro quién es su cliente, la necesidad que satisfacen, los precios que cobrarán, y muy importante, saben cómo lo harán. Constantemente se hacen la pregunta: "¿Cuál es nuestro negocio?" Y en esa respuesta, saben filtrar las alternativas atractivas y viables que los mantengan enfocados.

Para definir tu estrategia, basta con responder las siguientes preguntas:

- ¿Qué necesidad específica satisfago?
- ¿Qué cliente es mi consumidor?
- ¿Qué precio relativo ofrezco?
- ¿Cómo lo haré?
- ¿En qué negocio estoy?

Antes de contestar estas preguntas para tu emprendimiento, hagamos un ejercicio. Regresamos el tiempo hasta 1998. Si escucharas la marca Puma, sabrías que es una empresa prácticamente inexistente, al borde de la quiebra. Solamente en Alemania, algunos compradores fanáticos de la marca adquieren los zapatos. Los líderes indiscutidos son Nike y Adidas. Puma no era un zapato de moda, ni mucho menos visto como algo llamativo. En ese año, inició una de las reestructuraciones más dramáticas que una empresa puede enfrentar. Armados con un profundo conocimiento del mercado, el equipo de Puma se dio cuenta de que cada vez menos jóvenes estaban interesados en un zapato de alto desempeño y utilizaban los zapatos más como un artículo de moda. El CEO de la empresa, Jochen Zeits, se hizo varias preguntas. Usaremos el modelo que te propongo para analizarlas.

¿Qué necesidad?
Zapatos para alto desempeño atlético.
Verme y sentirme bien con un zapato a la moda.

¿Qué cliente?
Atletas.
Jóvenes interesados en estar a la moda.

¿Qué precio relativo?
Similar a la competencia.
Más alto que la competencia.

¿Cómo lo haré?
Investigación de tecnologías deportivas.
Contratación de diseñadores de moda para rock stars como Philippe

Starck y Jil Sander.
Dar a conocer el uso de los zapatos por medio de celebridades.

¿En qué negocio estoy?
Zapatos deportivos.
Moda.

Ahora, usaremos la matriz de cuatro decisiones propuesta por Chan Kim y Mauborgne en *La Estrategia del Océano Azul*. El resultado: Puma reinventó el zapato tenis en Europa y luego a nivel mundial. Su estrategia provocó que dieran el giro de estar al borde de la quiebra a ser una empresa que factura billones de dólares anualmente. Empresas como Gucci, Dolce & Gabanna, DKNY y Prada siguieron esta tendencia, dentro de una completa industria creada por Puma: zapatos tenis a la moda.

> *Las preguntas son más importantes que las respuestas.*
> *– Francisco "Pancho" García, Fundador de Pancho y Compañía.*

Estas son algunas de las cuestiones que Puma analizó:

¿Qué debemos **ELIMINAR?**	¿Qué debemos **AUMENTAR?**
Características tecnológicas del zapato Empaque monótono	Reconocimiento de marca Capacidad de innovación Inversión en campañas selectivas
¿Qué debemos **REDUCIR?**	¿Qué debemos **CREAR?**
Número de modelos de zapatos Inversión en campañas publicitarias masivas	Diseños de moda Participación de zapatos tenis en desfiles de moda Empaques llamativos

Puma reinventó su negocio haciéndose nueve preguntas:

Pregunta	Definición
¿Qué necesidad satisfago?	¿Qué problema resuelvo para mi cliente? ¿Cómo agrego valor al cliente?
¿A qué cliente deseo servir?	¿Quién es mi cliente? ¿Cómo comprará mi producto o servicio? ¿Dónde comprará mi producto o servicio? ¿Cuántos clientes existen?
¿Qué precio relativo cobraré?	¿Cuánto pagaría el cliente por mi producto o servicio? Más precisamente, ¿Cuánto pagaría por la necesidad o el problema que le resolveré? ¿Cómo pagaría?
¿Cómo lo haré?	¿Cuál será mi estrategia? ¿Cómo seré diferente? ¿Cómo aseguraré que el cliente conozca el problema que le resuelvo?
¿En qué negocio estoy?	¿Qué estoy vendiendo en realidad? Hágase esta pregunta en términos de su cliente, no de lo que usted ofrece. Por ejemplo, si usted vendiera barrenos eléctricos, está en el negocio de "agujeros".
¿Qué debemos eliminar en el negocio?	¿Qué debería eliminar completamente de su propuesta de servicio para cumplir con su estrategia? ¿Qué debería eliminar que el cliente no valora?
¿Qué debemos aumentar en el negocio?	De acuerdo a lo que el cliente valora ¿Qué debe hacer más y qué procesos debe eliminar?
¿Qué debemos reducir en el negocio?	¿Qué debe reducir o minimizar, que no agrega tanto valor para el cliente?
¿Qué debemos crear en el negocio?	¿Qué no existe actualmente pero que agregará valor al cliente y es necesario adicionar?

¿Cuál de las siguientes estrategias es más cercana a la de tu negocio?

	Efectividad operacional	Efectividad estratégica
Definición	Más rápido que la competencia	Valor excepcional para el cliente.
	Más barato que la competencia	Su propuesta de valor se percibe como único, diferente a sus competidores.
Implementación	Más fácil: se compara con competidores. Menor conocimiento de cliente.	Más complejo: no hay comparación. Conocimiento a profundidad de cliente.
Rentabilidad	A lo sumo, un poco mayor a la competencia.	Mayor pues su negocio determina el margen de acuerdo al problema que resuelve. Mayor riesgo asociado.

Sé que de alguna forma ya nos hemos planteado ciertas cuestiones que nos ayudan a definir claramente nuestro negocio, primero cuestionándonos respecto a nuestros sueños; sin embargo, te motivo a que respondas con pensamiento estratégico estas preguntas, tomando en cuenta que ahora ya tienes claro el negocio al que deseas dedicarte. Estas respuestas son el fundamento de tu elección, de tu plan de negocios, tal como fueron para Puma.

- ¿Qué necesidad satisfago?
- ¿A qué cliente deseo servir?
- ¿Qué precio relativo cobraré?
- ¿Cómo lo haré?
- ¿En qué negocio estoy?
- ¿Qué debemos eliminar en el negocio?
- ¿Qué debemos aumentar en el negocio?
- ¿Qué debemos reducir en el negocio?
- ¿Qué debemos crear en el negocio?

Ejecución

Un hecho concreto vale más que todo un mundo de promesas.
— Jacob Howell.

El propósito del plan de negocios es contar una historia, la historia de tu negocio. El plan debe establecer esa oportunidad que vale la pena explotar y ejecutar, por lo tanto, describirá detalladamente la forma de aprovecharla y hacerla rentable.

Hacer un plan de negocios te permitirá minimizar algunas tentaciones al momento de ejecutar tus acciones y poner en marcha tu negocio:

Tentación 1. Enamorarse del negocio. El plan de negocios permite identificar riesgos u oportunidades concretas para prepararse.

Tentación 2. Sobre optimismo. Los emprendedores suelen creer que les irá mejor de lo que en realidad les podría ir. Por ello, el plan de negocios compartido y retroalimentado permite eliminar sesgos.

Tentación 3. Crear un negocio para el emprendedor únicamente. A veces resolvemos un problema que solo nosotros tenemos. El plan de negocios permite validar si existen más clientes que tienen el mismo problema.

Tentación 4. Si lo construyes, vendrán. Es una tentación pensar que el negocio obtendrá ventas por sí solo. Por ello, validar clientes potenciales es crucial. ¿Tengo posibilidad real de vender?

Tentación 5. Pobres productos o servicios iniciales. Todo negocio necesita tener un equilibrio de productos de volumen (se venden más fácilmente y en cantidades mensuales importantes) y productos de margen (se venden probablemente más lento, pero aportan buen margen al negocio). En ocasiones se depende demasiado de uno o del otro tipo de producto o servicio.

En una ocasión, un amigo de la universidad me contó que había diseñado un complejo plan de negocios de más de ochenta páginas para una empresa que distribuiría medicinas tomando pedidos por Internet. El plan respondía todas las preguntas que un potencial inversionista podría hacer, incluyendo detalladas proyecciones de ventas y estudios de mercado. Se presentó la oportunidad para reunirse con un renombrado inversionista, quien le citó en el aeropuerto a bordo de su jet privado. Mi amigo había preparado una presentación que tenía ya cargada en su computadora personal y tres copias de su plan de negocios.

Había estimado que en una hora podría explicar todo el emprendimiento, sus riesgos y sus ganancias. Abordó el jet del inversionista, quien sin mucho rodeo le dijo: "Bienvenido. A partir de este momento, tienes tres minutos para contarme tu idea de negocio. Mi colega (y señaló a un sujeto) tomará el tiempo." Mi amigo balbuceó, trató de ordenar sus pensamientos rápidamente, pero apenas pudo esbozar la idea. A los 180 segundos, el asistente del inversionista marcó el tiempo. "Gracias", le dijo. "Quería enseñarte una lección. Si tu plan de negocios está claro, con tres minutos puedes hacer una presentación contundente", sentenció. "Nunca olvides esa lección", me contaba mi amigo. "Me enseñó que en cualquier momento podrías reunirte con un socio. Si lo encontraras en un elevador, tendrías a lo sumo tres minutos para contarle tu idea". Mi colega tuvo una segunda oportunidad con el inversionista, quien terminó comprando 60% del negocio y, hasta la fecha, participan en diversos emprendimientos.

¿Qué pasaría si tuvieras solamente tres minutos para presentar tu idea?

Esquema de un plan de negocios – Las ocho preguntas

He revisado más planes de negocios de los que puedo recordar. He entrevistado a inversionistas en diversas partes del mundo, y usualmente toman sus decisiones revisando el resumen ejecutivo de largos tratados que suelen hacer los emprendedores. Vendí mi empresa esbozando lo básico, de hecho, he diseñado emprendimientos en una página. El modelo que presentaré es uno que he creado y validado en miles de proyectos. Son ocho preguntas que resumen el modelo de negocio. Respóndelas en tu bitácora personal.

Imagina que fueras a hacer el plan de negocios resumido del Apple Watch. El ejemplo en la columna derecha del cuadro ilustra la importancia de investigar y colocar datos reales.

¿Qué problema resuelvo?	Todo emprendimiento resuelve un problema, una carencia, un reto. ¿Cómo se define en una oración este problema?	Vincular la moda con la conectividad.
¿De qué tamaño es ese problema?	¿De qué tamaño es el mercado? ¿Cuántas personas tienen el problema que visualizas?	Se estima de acuerdo a Strategy Analytics que el mercado de aparatos de moda conectados es de 1 millón de unidades en 2014 y que podría llegar a ser de 5 millones de unidades en 2015.

¿Cómo resuelvo el problema?	¿De qué forma, muy específica y puntual, solucionas o satisfaces la carencia identificada? Enúncialo en una oración.	Un reloj de moda y lujo que se interconecte al Iphone con funciones de computador.
¿Cómo resuelvo el problema mejor que la competencia o sustitutos?	Todo emprendimiento tiene competencia directa o sustitutos. No he encontrado ningún caso donde no exista algo que compita con la idea. ¿Cuál es la competencia o sustituto, qué ofrece y qué te diferencia de ellos?	Interfaz única (Digital Crown) Sistema Operativo propietario (Watch OS) Tecnología de interacción propietaria (Force Touch, Haptics) Más sensores que competidores cercanos.
¿Cómo hago dinero?	¿Cuáles son tus fuentes de ingresos? Todo emprendimiento, con o sin fin de lucro, requiere y moviliza recursos. ¿De dónde viene el dinero?	Ingresos del reloj en sí mismo (tres versiones – Watch, Sport, Edition). Se estima un margen bruto del 60% sobre el precio de ventas. El precio de los relojes oscila entre $349 hasta $17,000. Se estima un precio promedio de $499 en las ventas del reloj en el primer trimestre de lanzamiento. Ingresos de aplicaciones (modelo de división de ingresos 70% para el desarrollador y 30% para Apple). Se espera contar con al menos 5,000 aplicaciones para el primer trimestre de lanzamiento.

¿Por qué yo? (Nosotros)	¿Qué te capacita, y a tu equipo, para resolver el problema? La credibilidad es importante para todo emprendimiento.	Existen más de 600 millones de Iphones (mercado cautivo para venta del reloj) Propiedad intelectual lista para comercializarse en diversos componentes del reloj. Capacidad productiva para producir arriba de 5 millones de relojes anualmente.
¿Por qué ahora?	¿Por qué deberías emprender de inmediato? Analiza la variable tiempo y cómo está la oportunidad vinculada a lo inmediato.	Se estima en el 2015 un crecimiento del mercado de relojes inteligentes de un 457% anual.
¿Qué quiero?	Esta pregunta suele olvidarse. Es la petición concreta. ¿Qué espero? ¿Capital inicial? ¿Un cliente? ¿Un colaborador? Hay que pedir específicamente.	Autorización para lanzar el producto, de un prototipo a una venta a gran escala.

Discurso del elevador

Las grandes cosas no se hacen sobre la base de impulsos,
sino como la suma de pequeños pasos que se unen.
– Vincent van Gogh

Si tuvieras ciento ochenta segundos para presentar la respuesta a las ocho preguntas, ¿Qué diría? Lee en voz alta las respuestas que ya redactaste.

De un plan de negocios a un emporio: Kenneth Cole Productions

Cuando Kenneth Cole quiso empezar su empresa, no contaba con el dinero suficiente. Sabía que era más fácil obtener crédito de fábricas en Europa que en los bancos de Estados Unidos, por lo que identifica dichas fábricas y viaja a Europa, donde diseña una colección de zapatos, y vuelve a Estados Unidos a venderlos. Tenía la presión del corto plazo para pagar a sus acreedores, así que el reto era vender rápido su gran producción de zapatos.

La compañía, que en la actualidad se llama Kenneth Cole Productions, Inc., nació en septiembre de 1982 bajo el nombre Kenneth Cole Incorporated, pero cambió de nombre gracias a una ingeniosa estrategia de mercadeo. El creador de la firma planeaba presentar su línea de zapatos en el Market Week del hotel Hilton en New York, el más prestigioso evento de zapatos que se realizaba en la ciudad, pero no tenía dinero para pagar espacio en dicho evento, además, sabía que era complicado hacerse notar como diseñador nuevo entre las aproximadamente mil compañías de zapatos que exhibían sus novedades. Así que tuvo una idea: crear un remolque exhibición y estacionarlo frente al centro comercial Manhattan. De esa forma, captaría la atención de quienes asistieran al Market Week, sin estar dentro.

Poner en marcha su plan requirió cambiar, en dos horas, el nombre de su compañía, porque esos permisos eran exclusivos para filmaciones. Con permiso en mano, el 2 de diciembre de 1982, instaló su tráiler frente al Hotel Hilton, equipado como la mejor tienda de zapatos, pero simulando filmar la película *The Birth of a Shoe Company* (El nacimiento de una compañía de zapatos). Para que su mascarada fuera verosímil, montó todo un espacio de filmación, con un director, luces, cámaras, modelos que hacían el papel de actrices, incluso dos policías de la ciudad de New York cuidando el área. De esta forma, logró vender en dos días y medio cuarenta mil pares de zapatos, ¡toda su producción disponible![3]

---

[3]   Tomado del Blog: http://www.corbatasymancuernas.com/kenneth-cole-una-historia-de-exito/

¿Qué hemos hecho hasta el momento? Si pudiéramos resumir las etapas que hemos recorrido al momento, hemos:

- Analizado lo que nos apasiona
- Identificado nuestros talentos clave
- Combinado estos elementos en nuestro propósito
- Definido algunas variables que nos permitirían vivir de este propósito
- Analizado cómo este propósito puede ser un emprendimiento
- Diseñado un plan de negocio para nuestro emprendimiento

La tarea ha sido extensa, pero solitaria. ¿Y si empezara el emprendimiento? Es ahora en donde el plan cobra vida y pasamos de Yo, S.A. a Nosotros, S.A.

2

NOSOTROS, S.A.

Todos somos emprendedores, pero pocos tenemos la oportunidad de practicarlo.
– Muhammad Yunus

El principio es la mitad del todo.
– Pitágoras de Samos

Hace unos años, entrevisté a Walter de la Cruz, fundador de Café Barista en Guatemala. Su historia de éxito es fascinante y ha inspirado a muchos, ya que logró la transición del **Yo, S.A.** al **Nosotros, S.A.** Ya verás por qué….

De Yo, S.A. a Nosotros, S.A.: Café Barista

Busqué un lugar para la primera ubicación del café. Sabía de antemano que este sería el principal reto a resolver. En las entrevistas que sostuve con gerentes de centros comerciales y locales comerciales me preguntaban lo mismo: "¿Dónde tenés uno de esos cafés para verlo funcionando?" Al no contar con la primera tienda, ni un antecedente del funcionamiento del negocio, era difícil, sino imposible conseguir ubicaciones.

Finalmente, me ofrecieron la porción de una casa en zona 14 de la ciudad de Guatemala, en la 16 calle y 4 avenida. Recuerdo haber llegado con nuestra diseñadora al lugar y pensar: "En este lugar no pasa ni un alma a pie, ni siquiera en carro". La zona estaba totalmente ocupada por residencias y había poca circulación vehicular. Sin embargo, al entrar al lugar y recorrerlo, tuve una buena vibra. No puedo explicar qué fue lo que hizo que ese lugar se volviera nuestra primera ubicación, pero lo sentí. Sabía, intuitivamente, que sería un éxito. Era primordial montar este local, para negociar otras ubicaciones.

Formalizamos el contrato y me preparé para abrir operaciones el 12 de noviembre de 2004, pero faltaban muebles. Coticé localmente y los presupuestos no bajaban de US $5,000.00, lo que estaba muy por encima de lo que podía invertir. Mi cuñado, que vive en Estados Unidos, en Virginia, me sugirió que viajara para visitar la cadena IKEA. Así lo hice. Viajé al día siguiente y llegué un sábado por la noche a Virginia. El domingo, a las 10 de la mañana, estábamos llegando en un camión de veintidós pies al local de IKEA. Al ver los precios y los estilos, ¡compré muebles para tres tiendas! Estuvimos allí todo el día y luego de doce horas, al llegar a la caja a pagar, la cajera nos dijo: "¡Nunca le había vendido tanto a un solo cliente!" La gerente de la tienda, una señora holandesa, al ver la cantidad de muebles que habíamos comprado, pidió a varias personas de su equipo a que nos ayudaran a sacar todo a la banqueta. Entre mi cuñado y yo, ¡terminamos a las tres de la mañana de cargar el camión! Llegamos a la bodega para dejar todo a las cinco de la mañana, y a las siete ya estábamos en casa. Mi cuñado subió a dormir y yo, ¡a bañarme para ir a tomar el vuelo para Guatemala! Hasta la fecha recuerdo ese día, y sin duda debo a mi cuñado un enorme favor, pues ¡fue un duro fin de semana! Actualmente, nuestros muebles son hechos en Guatemala, de una mejor calidad, en manos de alguien que los fabrica a un precio favorable.

Café Barista contrató a su primera gerente poco antes de abrir. El trabajo se estaba haciendo virtualmente imposible para mí solo. Silvia Santizo, a quien mi esposa Irene me había recomendado, venía de Cementos Progreso, en donde había trabajado en el Museo. Había renunciado y estaba en la búsqueda de una oportunidad. La conocí, le expliqué el modelo de negocio y le gustó la idea. Le dije: "Tengo dos condiciones: necesito alguien que trabaje y que no sea llorón". "Trabajo duro y no soy llorona", me dijo. "Contratada", le respondí. Así, sin un protocolo formal, se incorporó nuestra gerente de recursos humanos.

Fue un reto conseguir buen talento como el que tienen las grandes corporaciones. Sin embargo, en esa época, había cierto glamour en el hecho de trabajar en un café, a pesar de los sacrificios que implica. He tratado de hacer las cosas muy abiertas, honestas y transparentes, por lo que atrajimos buen personal, aunque recibieran un sueldo menor. Compartimos el éxito en una estructura de compensación variable de 2% de las ventas de la tienda que se reparte entre gerentes, subgerentes y demás personal. Eso fue parte del éxito desde el principio.

El primer día de operaciones

¡Llegó el día esperado, y el viernes 12 de noviembre de 2004, iniciaba Café Barista! Abrimos quizá unas cuatro horas a lo sumo, pues varios desperfectos eléctricos y corto circuitos nos hicieron cerrar prematuramente la jornada. Ese día vendimos un café expreso a un cliente y varios cafés a mis más cercanos clientes: mi mamá, mi esposa, mi cuñado, mi papá. El corte de ese día: Q.112.00[4] aproximadamente. Sin embargo, ese cliente que compró un expreso, regresó el día lunes, con tres amigos a quienes les decía: "Es acá donde me tomé el mejor café que he probado en Guate".

El 13 de noviembre, sábado, había citado al electricista a las 7 am, para terminar las reparaciones. Lo esperaba allí, solo en el local, cuando escuché que tocaban la persiana a las 8 am. Era una señora que me preguntaba si abriríamos. "Señora, lo siento pero abriremos hasta el lunes, pues tenemos problemas eléctricos", le dije. "¡No puede ser! Ayer vi el local abierto y cité a todas mis amigas acá. No puedo decirles ya que no vengan." Ni bien había terminado de decir eso cuando aparcaron varios vehículos y se bajaban seis señoras más y

---

4   El tipo de cambio en ese momento estaba a Q.7.79 por $1.00 USD

unos diez niños. "Si me tienen paciencia, puedo hacerles un café, pero estoy solo acá", le expliqué. "Pero tenemos hambre", me dijo sonriendo. Ese día cerré con una venta de más de Q.600.00 en sándwiches, café, huevos y bebidas, y ¡sólo con esos clientes! Cerré ya por la tarde, luego que el ameno grupo de señoras abandonaba el lugar. Terminé agotado, pues trabajé como mesero, cajero, cocinero, gerente de tienda, y por supuesto, barista. Hasta la fecha, me alegro por haberlas atendido ese sábado. Son de mis mejores clientes y las aprecio mucho.

Los demás días, hasta el 17 de noviembre, abrimos de forma irregular. Las ventas de 2004 fueron bajas, pero a partir de enero, empezaron a subir. Nos habíamos convertido, de la noche a la mañana, en el lugar de moda, y la historia apenas comenzaba.

Escuchar a Walter me enseñó mucho sobre el inicio de un emprendimiento y afirmó mi certeza de que la pasión es uno de los elementos determinantes para alcanzar el éxito. Hoy, Café Barista es parte de Corporación Multinversiones, una de las más exitosas empresas holding latinoamericanas, con operaciones en harinas, galletas, pastas, franquicias de restaurantes como Pollo Campero, energía y construcción, entre otros. Walter sigue participando como miembro ejecutivo de Barista, pero ha fundado otros negocios como el restaurante Carmen y Brickhouse.

Esta segunda sección Nosotros, S.A., está dedicada al inicio del emprendimiento, cuando dejamos de ser uno para convertirnos en un equipo de personas que nos acompañarán, así que es el momento de la contratación que puede ser presencial o a través de herramientas digitales. ¡Es el momento del arranque! El tiempo cuando quizá ya renunciaste a un trabajo fijo o estarás invirtiendo recursos significativos al proyecto que inicias. Si eres un emprendedor dentro de una empresa, es cuando el proyecto está en fase de prototipaje o de primeros lanzamientos.

Si bien todo nace con un sueño que buscamos hacer realidad, también es cierto que llega el momento cuando dicho sueño individual comienza a desarrollarse porque ya se ha convertido en una idea que necesita un plan de implementación. De ahí surge la necesidad de avanzar en el enfoque y verlo más allá de nosotros mismos. Entonces, pasamos de ser Yo, S.A. a ser Nosotros, S.A., porque es momento de crear una estructura organizacional e involucrar a más visionarios que compartan nuestro entusiasmo por hacer realidad la idea del emprendimiento.

Considera algunos ejemplos de emprendedores en esta etapa:

- Un emprendimiento que inicia con dos socios que desarrollan una procesadora de alimentos, pero subvaluaron el tiempo que tomaría tramitar una licencia sanitaria y todos los clientes les piden una para comprarles.
- Un emprendedor que se ahorró en abogados y cuando trató de objetar que se le vendiera parte del negocio a alguien más, se dio cuenta de que no incluía una cláusula de "derecho de tanteo" en su escritura de constitución.
- Un emprendimiento que importó juegos de china, pero al estar en el mercado se descubrió que nadie entendía cómo funcionaban y no se vendió ninguno, a pesar de que muchas personas, en los estudios de mercado decían que "seguro comprarían".
- Un emprendimiento tan exitoso que durante los primeros seis meses se terminaron los inventarios proyectados para tres años.
- Un emprendimiento tan exitoso que quebró a los dos años por no tener capital de trabajo para sostener el acelerado crecimiento.
- Un emprendimiento en donde el fundador contrató a un auditor sin validar referencias, y un año después, descubrió que la persona no se había graduado y no sabía nada sobre el tema, lo que le costó $60 mil en multas por mala presentación de impuestos. Este caso lo sé porque lo viví yo.

Cuando arrancamos solemos afirmar cosas como:

- "A mí no me pasará eso".
- "Mi negocio es diferente, no como los otros que han quebrado".

- "Con mi socio nunca tendríamos problemas".
- "Cuando arranquemos, seguro empezarán a comprarnos".
- "No hay problema con que no me asigne sueldo y saque del negocio dinero cuando se pueda".
- "No hay problema con que lleve la contabilidad a medias ahora. Si crecemos, lo haré bien".
- "Hay muchas empresas familiares exitosas, no es necesario que hablemos con mi familia de cosas aburridas como reglas de juego".
- "No es necesario que provisione para unos seis meses, las ventas empezarán desde que arranquemos".

Nosotros, S.A. es la etapa de invitar a otros al viaje: familia, amigos, colaboradores, clientes, acreedores. Es la etapa cuando se valida en la práctica lo que en teoría pensamos que podría suceder, por lo que debemos tomar en cuenta todas las variables y todos los panoramas. Recuerda que ahora del emprendimiento dependen más personas, no solo tú. Por ello, en esta sección del libro veremos diferentes variables y herramientas concretas para desarrollar tu emprendimiento.

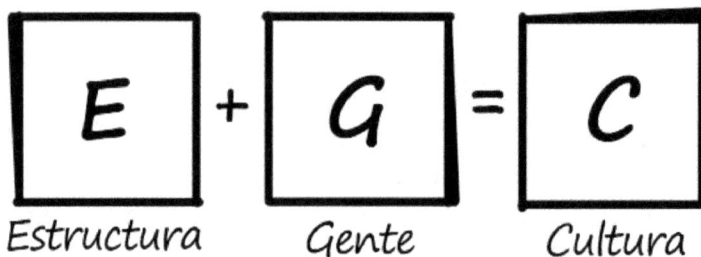

$$E + G = C$$

Estructura   Gente   Cultura

Tres variables de Nosotros, S.A.

Estructura - Determina el comportamiento: Recientemente, analizaba el parlamento de la renombrada película *Hugo* de Martin Scorsese. Hugo Cabret, su personaje principal, reflexionaba sobre la idea de que el mundo era una máquina y que cada uno de nosotros cumple un propósito dentro de esta. Él se entristecía cuando una máquina se arruinaba porque no podía cumplir su propósito. Decía que a veces, a una persona le podía pasar lo mismo, perder su orientación, el propósito por el cual fue hecho, lo que era lamentable.

Un emprendimiento es como una máquina que tiene una estructura y un diseño para funcionar. Por lo tanto, el emprendimiento se organiza y estructura a partir de su propósito. No te extrañará que Cirque du Soleil, el circo más exitoso del mundo, esté estructurado con personal dedicado a creatividad, o que Apple tenga al departamento de diseño directamente reportando al CEO. La estructura deberá responder a la pregunta de cómo la empresa espera lograr sus objetivos.

Gente - Primero invita a las personas correctas, luego, construye lo demás: Jim Collins popularizó el término: "Primero el quién, luego el qué". Él hizo un estudio en diversos tipos de empresas: públicas, privadas, grandes y pequeñas, sin embargo, el principio es válido en todo tipo de emprendimientos, haciendo la salvedad de que el nuevo emprendimiento necesita resolver la cuestión del quién y del qué al mismo tiempo.

Al hablar de gente, nos referimos a los talentos cruciales para la organización. Las personas que construirán el emprendimiento y las que acompañarán al fundador en el arranque. Contratar a las personas correctas al inicio es muy complejo, pero es crucial para el éxito. Ya sé lo que estás pensando: "¿Cómo les pago a las buenas personas, si no tengo dinero ni para pagar mis gastos?" No te preocupes, hablaremos de estos temas a lo largo del texto. Microsoft no sería Microsoft si Bill Gates no hubiera tenido a Paul Allen. Apple no habría llegado a su potencial si Steve Jobs no hubiera tenido a Steve Wozniak. El emprendimiento no es un deporte de individuos, es de equipos.

Es usual que en el nuevo emprendimiento nos comparemos con empresas ya establecidas y pensemos: "¿Cuándo llegaré a ese nivel?" Sabemos que necesitamos todo: clientes, personal, dinero, sistemas, mercadeo, insumos, capital de trabajo, así como múltiples elementos que nunca pudiste haber contemplado al hacer tu plan de negocios, sin embargo, nunca olvides tener en mente el importante factor humano, ya que el éxito de tu emprendimiento depende de tu pasión y de la pasión de tu equipo. Arrancar no es lo mismo que conceptualizar porque nada es estático, sin embargo, recuerda que primero son los soñadores, luego vienen los sueños, así que sin importar lo pequeño que creas que es tu emprendimiento al inicio, si tienes a tu lado a los colaboradores correctos, el crecimiento está asegurado. Ninguna empresa empezó con el modelo desarrollado que alcanzó con el tiempo. ¿Pensarías que Google aprendió a hacer dinero un par de años luego de haber empezado? El modelo original era vender motores de búsqueda, que Yahoo! se rehusó a comprar. El gran Steve Jobs tuvo que repensar múltiples veces el modelo y el producto idóneo para Apple, pero fue posible lograrlo al encontrar con quiénes compartir los riesgos, los planes, los prototipos, el trabajo y las responsabilidades.

Cultura - Cómo hacemos las cosas: ¿Te has dado cuenta que hay organizaciones con una cultura muy sólida? Pareciera que cuando entras por sus puertas, has ingresado a otro país. Cuando hablo de cultura, me refiero a que tienen su propio:

- Código de comunicación (palabras, incluso gestos que usan frecuentemente)
- Código de vestimenta
- Simbolismo
- Valores explícitos e implícitos
- Héroes y villanos (a quiénes premian y a quiénes castigan)
- Sistemas de recompensas y castigos
- Creencias básicas.

La cultura suele ser la variable intangible que determina el logro de la estrategia. ¿Qué hace Zappos para tener tan buen servicio? ¿Qué hace Apple para innovar? ¿Qué hace que un país se desarrolle y otro no, incluso siendo vecinos? La cultura es la variable que lo explica.

Ahora, veamos cada componente con sus herramientas concretas.

Estructura

La mitad está hecha cuando tienen buen principio las cosas.
– Fernando de Rojas

Cuando tenía unos doce años, observé a mi papá muy preocupado. Lo acompañé a la cajilla de seguridad que tenía en el banco y fue por unas escrituras. Con una cara de aflicción, fuimos a un banco donde debía una tarjeta de crédito y allí, entregó las escrituras de su casa. "¡Papa, debes una casa!" Fue mi expresión. Recuerdo haberle recriminado, diciéndole que cómo era posible que se hubiera endeudado tanto.

El tiempo pasó y cuando yo tenía veintiséis años, había tomado pésimas decisiones sobre las personas con quiénes asociarme y había perdido virtualmente todos mis bienes. Ya sin trabajo, me vi forzado a afrontar la situación que tanto temía: consolidar mis deudas y hacerles frente. Solía romper los estados de cuenta, diciendo molesto: "Sí, ya sé que estoy endeudado, para qué abrirlas." También me ponía a la defensiva cuando alguien hablaba de manejo financiero. Cuando abrí sobre por sobre y sumé todas las cuentas, debía casi $100,000.00 USD en tarjetas de crédito. Recuerdo haberle dicho a mi esposa: "¡Debo una casa!" En ese momento, recordé las palabras que yo mismo había dicho a mi papá cuando era niño. Lo que tanto había prometido que nunca me pasaría, me estaba sucediendo en todo su esplendor. Me enojé conmigo mismo, me recriminé, pero también estaba consciente de que mi situación era el fruto de mis decisiones, arrogancia y falta de disciplina.

Hice un listado de mis deudas, las ordené de la más pequeña a la más grande y las coloqué en lugares donde era inevitable que las viera: mi oficina, el descansador de pantalla de mi computadora, el baño de mi casa. Inclusive mencionaba estas deudas a mis alumnos durante las clases que impartía. Hubo gente que me preguntaba: "¿Cómo puedes ponerte en evidencia frente a los demás?", pero te prometo que es de las decisiones que más me han ayudado. Reconocer públicamente mi situación me comprometió a cambiarla. Cuando afronté esto, recuerdo haberme encerrado en mi cuarto y en oración confesarle a Dios: "Me siento incapaz de salir de esto, ayúdame." Fue el momento para humillarme, para reconocer que solo no podía con esa carga, pero que estaba dispuesto a trabajar por salir de la situación.

Muy clara fue la enseñanza de mi padre respecto a que mi nombre es un valor que debo cuidar, fui a los bancos donde debía dinero a explicar mi situación y asegurarles que les pagaría. Les dije que algún día sería un cliente importante, que me levantaría y que lo único que les pedía era no manchar mi crédito. Periódicamente llegaba a los bancos, les informaba cómo iba y siempre que podía, abonaba a mis deudas.

Hoy, varios años después, puedo decirte que salí de ese atolladero, soy buen cliente de los bancos, y no manché mi nombre. No fue fácil, fue un proceso en donde definitivamente vi a Dios respaldarme. ¿Por qué te cuento esta historia? Siempre supe que en el tiempo sería importante mi crédito y mi buen nombre. Mis decisiones a corto plazo serían cruciales para el largo plazo. Esa es la esencia de este apartado. Cuando tomes la decisión de emprender y hagas la estructura de tu empresa, debes pensar en el largo plazo, ya que no sabes si la empresa que estás fundando será la siguiente multinacional que emplee a miles de personas. Por eso, como recomendaba un ex ejecutivo de IBM: "Toma hoy las decisiones como si tu empresa ya fuera grande".

Estructurar el emprendimiento requiere buscar la mejor asesoría que puedas, pues tu falta de experiencia provocará que tengas una visión limitada de las implicaciones de tus actos. ¿Qué estrategia fiscal seguir? ¿Qué cláusulas colocar en la escritura de constitución? ¿Qué tipo de socio buscas? ¿Cómo deberías organizar las acciones? ¿Quién debería ser el representante legal? ¿Cómo conformarás tu junta directiva? ¿Cómo empezarás a vender? ¿Cómo deberías empezar tus operaciones? ¿Cuánto dinero necesitarás ahora y en el futuro?

Dedica tiempo a responder estas preguntas. Si vas a emprender con socios, concéntrense en ellas y escriban las respuestas en equipo. Recuerda lo que aconseja Sun Tzu: "Lo que sudes en el campo de entrenamiento no lo sangrarás en el campo de batalla".

Los tres momentos del emprendimiento

David Thompson escribió un libro titulado *Blueprint to a Million*, en donde resume las investigaciones sobre empresas del Dr. David Birch. Se encontró que hay tres momentos cruciales que todas viven y que el enfoque al tomar decisiones en ese momento determina el tipo de empresa en la que se convertirá. Veamos el modelo.

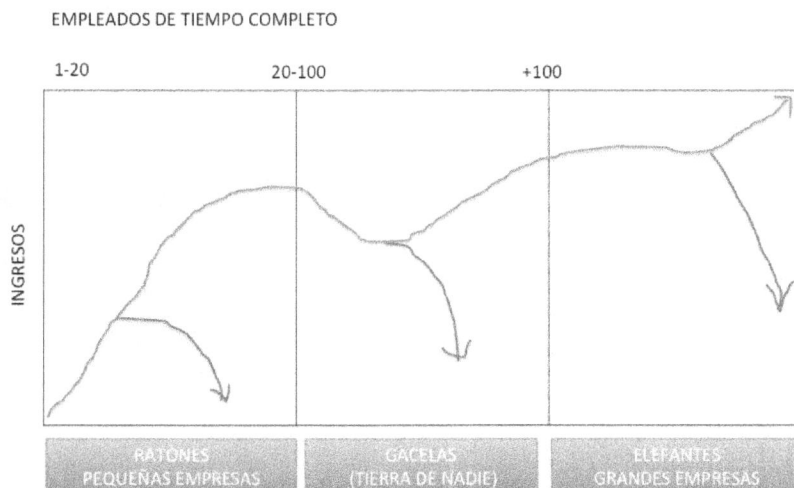

EMPLEADOS DE TIEMPO COMPLETO

1-20   20-100   +100

INGRESOS

RATONES / PEQUEÑAS EMPRESAS   GACELAS (TIERRA DE NADIE)   ELEFANTES / GRANDES EMPRESAS

Notarás tres momentos cruciales:

Momento	Prioridades
ratón / Pequeña empresa **Arranque del negocio** (1-20 empleados tiempo completo) (0-$1 millón de dólares en ventas) Tienen altas tasas de fracaso.	Subsistir. Encontrar ventas recurrentes y márgenes sanos.
Gacelas / Tierra de nadie **Crecimiento del negocio** (20-100 empleados de tiempo completo) ($1 – 10 millones de dólares en ventas) No es ni pequeña ni grande. Por ello se le llama "tierra de nadie". Sin embargo, están creciendo rápidamente, a más de 20% por año durante cuatro años consecutivos. Menos del 5% se convierten en elefantes o grandes empresas.	Consolidar el equipo gerencial. Buscar la replicabilidad y escalabilidad. Encontrar fuentes nuevas de financiamiento para crecer.
Elefante / Gran empresa **Consolidación del negocio** (+100 empleados de tiempo completo) (10 millones o más de dólares en ventas)	Consolidar la cultura de la empresa. Desarrollar mecanismos de innovación. Manejar el gobierno corporativo y estrategias financieras más complejas.

Observa lo complejo que es estudiar a las empresas, pues son escalas muy dispersas, aunque es posible ubicar a tu empresa en función de dos criterios: número de empleados a tiempo completo o facturación anual en dólares. Sé lo que estás pensando, depende del país, de la industria y del producto. Sin embargo, como todo modelo, es una aproximación a la realidad para efectos de análisis.

Lo cierto es que cada etapa tiene sus propias prioridades, como puedes ver en la tabla, y tú, como emprendedor, deberás enfocarte en los momentos críticos para aprender a reconocerlos.

Navegar por estas etapas requieren que analices cuatro factores críticos: mercado, gerencia, modelo y dinero. Estas etapas fueron estudiadas por Doug Tatum en su libro *No Man's Land*. Veamos cada componente y completa este cuadro en tu bitácora.

Componente	¿Qué significado tiene para mi emprendimiento?	¿Cómo lo aplico a mi emprendimiento?
Mercado	¿Cuál es mi mercado objetivo? ¿Quién, en realidad, es mi cliente?	
Gerencia	¿Tengo personal calificado para gerenciar el crecimiento y el futuro del emprendimiento?	
Modelo	¿Mi idea de negocio es escalable y replicable? ¿Podría implementarlo en múltiples países y territorios de forma rentable y consistente en el tiempo?	
Dinero	¿Tengo cómo conseguir más dinero para crecer en el negocio?	

Cuando inicias el negocio, lo que quieres es generar tu primera venta. Sin embargo, créeme cuando te digo que es tan importante que abras el negocio y que no te compren ni tus padres o amigos (no vender nada) a venderle a todas las personas que se acerquen (vender mucho). El crecimiento y su manejo son cruciales en el emprendimiento y debes prepararte para ello.

En mi trabajo con inversionistas, la pregunta sobre el modelo de negocio es muy frecuente. Es común que los negocios dependan totalmente del emprendedor y que nunca se busquen estrategias para hacer que el negocio crezca, esté el fundador o no. Permíteme hacerte una analogía. Si un barbero se dedica a ese emprendimiento basado en la fama que tiene como estilista, su tamaño de negocio está confinado a su número de horas disponibles. Si por el contrario, piensa en hacer franquicias en donde entrene a decenas de barberos en su técnica, el tamaño del negocio será igual al número de franquicias que abra.

Responde las siguientes preguntas en tu bitácora para reflexiona a cerca de estas cuestiones.

Mercado	Gerencia	Modelo	Dinero
describe lo más detallado posible quiénes son tus clientes objetivos, qué necesidades resuelves y cuánto estarían dispuestos a pagar por satisfacerla.	¿Cuáles son tus fortalezas como gerente? ¿Eres un vendedor nato o un administrador nato? ¿A quiénes debería contratar primero para complementarte? ¿Cómo piensas atraer a estas personas?	Si fueras a venderle a un millón de clientes, ¿cómo lo haría? ¿Cómo podría tu negocio existir en diez países al mismo tiempo? ¿Cómo podrías hacer para que tu negocio no dependa de ti?	Si tuvieras que conseguir $100 mil dólares, ¿cómo los conseguirías? ¿Cómo conseguirías $1 millón? ¿$10 millones? Enumera la cantidad máxima que podrías conseguir ahora sumando todas las posibilidades que anotaste anteriormente.

Con estas respuestas, es momento de dibujar cómo podrías organizar tu empresa.

¿Cómo diseñar una estructura?

En años recientes he visto la creciente tendencia de restructuraciones en las empresas. Las estructuras solían ser a partir de funciones, por lo que existía un área de finanzas, de operaciones, manufactura y ventas, entre otras. Con el paso del tiempo, la estructura se tornó en matrices, con dobles reportes. Actualmente, las estructuras son más planas, multinodales y con más de dos reportes. Las organizaciones se han adaptado a un mundo multitarea, que demanda tiempos de respuesta menores.

¿Cómo debería ser tu estructura? Depende de tu estrategia. ¿Qué quieres lograr a largo plazo? Así deberá ser tu forma de organización.

La estructura a través del tiempo

Para planificar el éxito de un negocio, las preguntas frecuentes son ¿cuántos años le doy a mi negocio para saber si es rentable? ¿En qué debo enfocarme en mi negocio, a medida que pasa el tiempo? Para responder usaremos como base el trabajo hecho por Nichole Torres de la revista *Entrepreneur*.

Seis meses luego de apertura. Los primeros seis meses del negocio tienden a ser erráticos, pues es la primera vez que se validan los supuestos del plan de negocios. Al cabo de seis meses, deberías iniciar con la documentación de procesos, así como la definición de quiénes son tus clientes, lo que la empresa hace y no hace y cómo vencer a la competencia. En otras palabras, la parte operativa del negocio debería estar caminando con fluidez. Adicionalmente, habrás validado si tu modelo de negocio funciona. Es normal en este primer período hacer un cambio en la estrategia inicial o refinar los supuestos. ¿Cómo sé si estoy en este punto? Tu negocio empieza a tener recurrencia en las compras y sus productos o servicios son cada vez más consistentes, y generalmente ofrece una calidad uniforme. ¿En qué me enfoco? La palabra es consolidación. Analiza lo que funciona y no funciona. Enfócate en lo que funciona. Evalúa si lo que no funciona puede mejorar con algún ajuste o elimínalo de tu negocio. Anota las conclusiones sobre tu emprendimiento en tu bitácora.

Un año a dieciocho meses luego de apertura. Al cabo de este tiempo, la mayoría de negocios que han sobrevivido alcanzarán rentabilidad en este punto. Como mínimo, el negocio deberá estar en punto de equilibrio. En este momento, deberías estar en control de las operaciones e identificar los puntos clave en donde puede mejorar la rentabilidad. ¿Cómo sé si estoy en este punto? Podrás evaluar tu estado de pérdidas y ganancias y te darás cuenta de que tu empresa ofrece números positivos. Otra forma de verlo es cuando lo que cobres a un cliente es menor a lo que costó obtener ese cliente. ¿En qué me enfoco? Refina tus controles. Establece un fondo de emergencia para tu negocio. Analiza dónde podrías cortar gastos superfluos y cómo consolidar y mejorar los ingresos. Anota las conclusiones sobre tu emprendimiento en tu bitácora.

Tres a cinco años luego de apertura. Para este momento deberás ser más efectivo y eficiente en generar clientes, y debes estar continuamente mejorando lo que haces. Ahora es importante evaluar tus planes estratégicos de crecimiento. Podrás preguntarte en este tiempo cómo vencer o evadir a la competencia y cómo aumentar la escala de tu negocio. Este punto suele ser crítico pues es fácil estancarse y permanecer en la zona de comodidad. ¿Cómo sé si estoy en este punto? Existe una alta recurrencia en las compras de clientes. Te encuentras con que tus clientes te buscan periódicamente. Tus flujos de ingresos son relativamente estables y puedes planificar con mayor precisión tus ventas del mes y año. ¿En qué me enfoco? En esta etapa deberás realizar una pausa en el camino y evaluar seriamente el negocio. ¿Qué ha funcionado? ¿Qué no ha funcionado? ¿Cómo debería ser el futuro? Este es un tiempo para planificar el futuro. Anota las conclusiones sobre tu emprendimiento en tu bitácora.

Seis a diez años luego de apertura. En este momento, tu negocio debería funcionar casi automáticamente, por lo que tu presencia podría no ser indispensable. Piensa en expansión geográfica, en nuevos productos o mercados o en estrategias de salida y planes de sucesión. ¿Cómo sé si estoy en este punto? Si puedes estar de viaje por tres meses sin comunicarte y el negocio puede seguir su camino, has llegado a este punto. El negocio cuenta con un sólido equipo ejecutivo y planes concretos de trabajo. ¿En qué me enfoco? Una segunda planificación estratégica se recomienda. El objetivo, sin embargo, es un poco diferente. En este momento podrías decidir si diversificas geográficamente, por productos, o por líneas. Tu negocio tendrá el capital para invertir en otras oportunidades sin verse perjudicado. Anota las conclusiones sobre tu emprendimiento en tu bitácora.

Como recomendaría Eric Ries en su libro *Lean Startup*, en estas etapas, lo crucial es:

Construir. Iniciar a vender y probar en realidad su producto o servicio con los menores costos posibles.

Medir. Validar qué patrones ves recurrentes. Qué está funcionando y qué podrías hacer diferente.

Aprender. Qué podrías ajustar en el modelo de negocio y en general, qué puedes aprender de lo observado. Este es un ciclo que no termina, pues debe continuar sin parar.

Cuando conocí a Brendon Burchard en Sillicon Valley, autor de varios best sellers del *New York Times* como *The Millionaire Messenger* o *The Charge*, me hizo cuestionar algunos conceptos de estructura organizacional cuando dijo: "Contraté a mi primer empleado cuando llegué al millón de dólares en ventas". Él ha sido diligente en aplicar los principios de Tim Ferris al automatizar por medio de herramientas como Infusionsoft sus procesos de clientes. Hoy, su empresa tiene cuatro colaboradores y factura más de $10 millones al año. La estructura no necesariamente implica costos fijos elevados. En el mundo de negocios de hoy puede significar herramientas cloud based, software a demanda –SAAS-, colaboradores virtuales en todo el mundo y trabajar desde casa en lugar de invertir en costosas oficinas. En corto, la estructura es la forma más eficiente de lograr el resultado de forma sostenida. La tecnología ahora provoca que cuestionemos las formas tradicionales de operar los negocios, y busquemos mejores alternativas para lograr una estructura funcional que apoye nuestro emprendimiento.

Gente

La mayoría de personas piden y piden, pero pocas veces se preguntan qué pueden ellos ofrecer o dar.
—Anónimo

En este momento del emprendimiento, es necesario analizar dos componentes relacionados con las personas:

- Yo, como emprendedor, y los roles que debo asumir o tener representados en mi equipo.
- Cómo invito, desarrollo y retengo al personal. Cómo contrato, compenso, capacito.

Componente 1: Los tres roles del emprendedor

Michael Gerber es uno de los autores que más han cambiado mi forma de ver el emprendimiento. En su libro *The E-Myth*, nos invita a pensar en nuestros negocios como si fuéramos a franquiciarlos. ¿Qué procesos puedo sistematizar? ¿Cuáles puedo delegar en tecnología?

Gerber nos cuestiona primero como emprendedores y los tres roles que deberíamos cumplir:

Gerente: Quien administra el emprendimiento

Visionario: Quien define el futuro del emprendimiento

Técnico: Quien hace lo vital en el emprendimiento.

Son escasos los emprendedores que tienen las tres características desarrolladas. Hay casos donde un excelente técnico se vuelve un mal empresario (un buen panadero, por ejemplo, sin destrezas de empresario); en otros casos un excelente visionario se vuelve mal empresario (un ejemplo es un inventor que salta de proyecto en proyecto, pero nunca consolida ninguno); y también hay casos donde un excelente gerente se vuelve mal empresario (altos ejecutivos exitosos que fracasan cuando se independizan). Estas particularidades son las que motivan la formación del equipo clave del emprendimiento. Responde estas preguntas en tu bitácora:

- ¿Quién es el visionario del emprendimiento?
- ¿Quién es el técnico del emprendimiento?
- ¿Quién es el gerente del emprendimiento?

Reitero, en ocasiones una persona asume los tres roles, pero son casos muy singulares y es desgastante. Por ello, se debería formar un equipo sólido que complemente los roles. No existen fórmulas para esta parte del proceso, pues cada negocio es diferente y cada equipo emprendedor tendrá sus propias características. Lo importante es que los tres roles estén presentes.

Componente 2: ¿Cómo contrato y compenso?

Seguramente habrás escuchado hasta la saciedad que el activo más importante de las empresas son las personas. Yo le agregaría que el activo más importante son las personas correctas. Cuando se contrata para un proceso de desarrollo, suelo bromear diciendo que si el objetivo es escalar un árbol, siempre hay dos alternativas: contratar ardillas o entrenar pavos. Es posible entrenar pavos, pero es mucho más costoso que contratar ardillas. Así pasa con las nuevas empresas, cuando no se busca a las personas correctas para compartir el sueño. Los emprendedores, de cierta forma se sienten agradecidos cuando alguien acepta trabajar con ellos. No se preocupan de la calidad de las contrataciones, sino que se enfocan en llenar las plazas. Cuando hablo de la calidad de contrataciones, me refiero a un alineamiento persona-puesto-sueño-pasión-talento. Deberías contratar a personas que:

- Tengan un sueño similar al tuyo.
- Tengan pasión por el área donde trabajarán.
- Tengan talento para la actividad que realizarán.

Siempre que he contratado a alguien, me dedico a hacer preguntas como:

Por otro lado, trato de validar referencias. Un CV (currículum vitae) siempre es un indicador muy pobre de la persona. Nunca he visto uno sincero: "En este trabajo me despidieron porque no laboraba las horas para las que fui contratado", o "Me despidieron por hurto agravado". Siempre veo CV's decorados, donde las personas mencionan que su principal defecto es "ser muy perfeccionistas". Por ello, dedícate a llamar a las empresas donde la persona trabajó antes. Indaga no solo en los contactos que la persona colocó en su CV, sino que llama a la empresa y consulta a varias personas que puedan hablar de tu candidato. Mi experiencia es que debo tener cuidado con el investigado cuando en una empresa se niegan a dar referencias.

Créeme que te escribe una persona que valora profundamente a las personas. Quienes me conocen saben que soy muy afable y orientado a la gente. Sin embargo, respeto mucho la organización que dirijo y cuido que sus nuevos integrantes sean de beneficio para la empresa y la cultura que estamos construyendo. Además, cuido que nosotros, como organización, aportemos para el propósito de la persona que se integra. Contratar a alguien siempre debe visualizarse como una relación a largo plazo.

Mi primera opción es buscar dentro de mi círculo cercano a quienes puedan recomendarme profesionales referidos. Usualmente, quienes me conocen saben el perfil de personas con las que me sentiría cómodo trabajando. Mis mejores contrataciones han sido esas, tanto de personas internas de la organización que recomiendan a alguien, como personas cercanas que me refieren.

Recuerda que tus colaboradores construirán el emprendimiento junto a ti. Son tus futuros gerentes, tus futuros líderes. Vale la pena aplicar el consejo de John Maxwell cuando sugiere que "Hay que ser lento para contratar y rápido en despedir".

¿Sabías que en McDonald's buscan personas sonrientes para que trabajen en sus franquicias? Un proceso que tienen en las entrevistas es la aplicación del "sonrisómetro", una medición de cuántas sonrisas por unidad de tiempo despliega la persona.

En los parques de Disney, cualquier integrante del elenco podría decirte dónde parqueaste tu vehículo. Con solo preguntarte "¿A qué horas veniste?", podrían llevarte al área designada del parqueo. Walt Disney enseñó que la magia ocurre cuando colocas a personas ordinarias como parte de procesos extraordinarios.

¿Cómo contratar a los mejores en el inicio?

No puedo ser tan insistente como quisiera sobre lo importante que es tener a las personas adecuadas. Además, en esto definitivamente se aplica el principio de que lo bueno atrae bueno, por lo que es vital poner atención al tema. Tus primeros colaboradores proyectarán la mística que deseas para tu empresa, así como tus primeros clientes determinarán los clientes que tendrás en el futuro. Si ya has atendido a tres multinacionales, será fácil atender a diez. Si solo atiendes pequeñas empresas, tu grupo natural serán las pequeñas empresas. Si tienes gente competente, ellos mismos buscarán integrar a otra gente competente. Atraer a personas de alto potencial al emprendimiento requerirá de tus habilidades para vender ideas, lo que es crucialmente importante.

En estudios recientes, se ha encontrado que el dinero definitivamente no es lo que más motiva a las personas. Te lo comento porque seguramente estarás pensando que no puedes atraer a alguien de alto nivel porque no tienes cómo pagarle. Déjame resumir lo que Daniel Pink ha encontrado en su libro *Drive: The Surprising Truth of What Motivates Us*. Las personas requieren tres elementos para comprometerse a una causa:

Propósito. ¿Por qué estoy haciendo este trabajo? ¿De qué forma contribuyo con un legado?

Autonomía. ¿Puedo aportar en lo individual? ¿Puedo tener libertad para hacer mi trabajo?

Sentido de avance. ¿Puedo ganar más si la empresa va mejor? ¿Puedo observar que mi trabajo está dando frutos?

Si provees estas tres variables a una persona, tendrá una motivación más sostenible, pero si la persona se integra a tu emprendimiento solo por el dinero, tendrás a alguien frustrado que desearás sacar rápidamente de la empresa. No hay cosa más desgastante en un emprendimiento que tener personas cuya única motivación es el cheque. Por el contrario, te gozarás al tener un equipo de gente que cree en la misma causa, que forma parte del equipo por lo que pueden construir juntos y el dinero es una añadidura, una consecuencia del buen trabajo. Ahora, analiza tu emprendimiento.

- ¿Cuál es el propósito de su emprendimiento?
- ¿Porqué una persona debería trabajar conmigo?
- ¿Qué oportunidades de autonomía provee mi emprendimiento?

Tu estructura de compensación es el segundo punto a considerar. Lo que mencioné antes es prioritario, pero todos necesitamos sentirnos seguros de nuestros ingresos. Lo que sí suele pasar es que los sistemas de compensación usuales son fijos. ¿Qué tal si incluyes comisiones como incentivo para los vendedores? ¿Qué tal si distribuyes un porcentaje de utilidades entre todos? Las opciones de compra de acciones de la empresa son una buena práctica, pero depende de la legislación de tu país. Hay ocasiones que integrar nuevos accionistas es una camisa de fuerza y un proceso complejo. Hay otras donde es simple y se puede dejar plasmado el mecanismo en los estatutos. Lo importante es que, sea cual sea el esquema de compensación, le incluyas una parte variable. Hablo mucho de cómo las empresas deberían ser meritocráticas. En todos lados he visto que se habla de "crear una cultura de dueños, de personas que se sientan empresarios", pero no pagan de esa forma. Si quieres una cultura de dueños, paga variable, en donde todos sientan que están contribuyendo y recibiendo retribución por esa contribución.

Hay diversos indicadores que puedes considerar para pagar a tus personas clave. Pagos basados en valor marginal generado, pagos basados en utilidades, tomando en cuenta el costo de capital (ajustando las utilidades a una tasa de corte para considerar el costo de oportunidad del dinero) son la tendencia. Cada vez más, los emprendimientos buscan tener una base menor a la parte variable (40 fijo – 60 variable por ejemplo) para asegurar que exista alineación entre lo que quieren los accionistas y lo que quieren las personas en la empresa. La premisa es simple: como empresario, trabajas más horas, pues esperas que tu sueño sea realidad y que sea posible capitalizar ese trabajo. Igualmente, permite a tu equipo que sueñe contigo, y que puedan ganar más en la medida que el negocio camine.

Finalmente, otra herramienta es diferir los bonos y resultados. Por ejemplo, si pactaste con alguien un bono de $100, podrías dividirlo en cuatro años y pagar cada año $25 y acumular el resto por año. De esta forma, la persona tiene un incentivo para seguir agregando valor y se siente cómodo de pertenecer a la empresa porque capitaliza sus bonos futuros. El esquema ilustra el modelo, suponiendo que la persona consistentemente logra sus resultados y obtiene un bono de $100.

Año	1	2	3	4
Bono	25	25	25	25
		25	25	
			25	25
				25
Total	25	50	75	100

En este esquema, la persona gana de forma variable, pero acumulando a futuro, igual que un empresario que está haciendo crecer su negocio.

Por supuesto, estoy dando por cierto que tienes a la persona correcta que comparte la causa del emprendimiento. Si la persona no es la correcta, no hay dinero suficiente que la motive. Recuerda la lógica simple de los incentivos. Hay dos motivadores: intrínsecos (los que me da mi trabajo en sí) y los extrínsecos (el dinero, los beneficios tangibles). Si un trabajo me da pocos motivadores intrínsecos, si el trabajo no me gusta, esperaré más motivadores extrínsecos, más dinero. Es por esta razón que los emprendedores solemos trabajar muchas horas, ya que tenemos el alto motivador intrínseco de ver realizado el sueño, y recibimos al inicio poco dinero, es decir, un bajo motivador extrínseco. Has del trabajo tu pasión y disfrutarás de recibir el sueldo a fin de mes por algo que igual habrías hecho por poco o ningún dinero. En tu bitácora, anota el esquema de compensación actual para ti y para tu equipo.

Monto total	% Fijo	% Variable

¿Cómo debería ser tu esquema de compensación?

Monto total	% Fijo	% Variable

Finalmente, siempre podrás contratar personas en www.freelancer.com o www.zirtual.com en trabajos claramente definidos.

¿Y si mi emprendimiento es familiar? ¿Cómo abordo a la gente? Se estima que en el mundo, más de 80% de las empresas son familiares.

Es un error pensar que una empresa familiar es sinónimo de pequeña empresa. Las diez empresas familiares más grandes en términos de facturación son Walmart, Ford Motor, Samsung, LG, Carrefour, Fiat, Ifi Istituto Finanziario Industriale S.p.A., PSA Peugeot Citroën S.A, Cargill y BMW. Todas facturan más de 2 billones de dólares al año, por lo que se incluyen dentro del grupo de más de 200 empresas en el mundo que cumplen con este criterio. Sin embargo, la norma no es que una empresa familiar es sinónimo de éxito y crecimiento, al contrario. 70% de las empresas familiares fracasan o son vendidas antes de la segunda generación. Únicamente 10% permanecen activas en la tercera generación. En México se tiene un refrán popular: "Padre bodeguero, hijo caballero, nieto pordiosero". Mientras en una empresa pública el CEO o máximo directivo tiene una estadía promedio de 6 años, en las empresas familiares su duración es de 20-25 años, en promedio, lo cual tiende a ser un inconveniente.

¿Existen patrones comunes en las que fracasan? ¿Se puede hacer algo al respecto? George Stalk y Henry Foley han publicado un trabajo en progreso en Harvard Business Review que podrían darnos indicios de que sí existen patrones.

Trampa 1. Siempre habrá un lugar para ti en la empresa. Es usual que ser el familiar cercano del propietario sea suficiente para asegurarse una posición en la empresa. También es común que se seleccionen familiares sin las competencias para ser ejecutivos en la organización. Finalmente, la empresa familiar es percibida como la salvaguarda por si "todo sale mal en lo profesional". Las empresas familiares exitosas tienen una ruta muy clara de cómo incorporar miembros de la familia. Algunas norman, por ejemplo, que la persona tenga un grado académico determinado, años de experiencia en empresas fuera de la familiar y que trabajen en posiciones donde hay vacantes y una necesidad real. Escuché al presidente de una empresa familiar muy exitosa decir: "Mis hijos no son dueños de nada aún; lo único que tienen seguro siendo parte de esta familia es su educación para luego optar, si lo desean y son capaces, a un puesto en la empresa familiar". ¿Está mi emprendimiento en esta trampa? Analiza y anota en tu bitácora.

Trampa 2. El negocio crecerá al ritmo que crece la familia. Las familias crecen más rápido que los negocios, usualmente. Crece el número de hijos, sobrinos, nietos, yernos, nueras. Si la empresa no ha ordenado el proceso, corre el riesgo de volverse una agencia de empleo y no una organización para agregar valor de largo plazo a quienes sirve. Recuerdo a un estudiante de maestría que dijo una vez en clase, sin darse cuenta de la implicación de su aseveración: "En realidad no tengo tanta presión por sacar buenas notas pues siempre tengo la empresa de mi papá para ir a trabajar." ¡Imagina a todos los familiares pensando igual! Ninguna empresa tendrá suficientes vacantes para todos. Las empresas exitosas regulan la incorporación de miembros de la familia no solo con mecanismos meritocráticos, sino con alineamiento de estrategias de crecimiento a la familia. Es decir, contemplan en sus planes algunos espacios específicos donde familiares calificados pueden ejercer liderazgo. ¿Está mi emprendimiento en esta trampa? Analiza y anota en tu bitácora.

Trampa 3. Crear silos por grado de consanguinidad. Hay empresas que caen en la tentación de dar ciertas posiciones a apellidos específicos. Inclusive, hay áreas completas o unidades que son comandadas bajo este criterio. Las empresas exitosas también aplican criterios meritocráticos y además, tienen la sana práctica de asignar mentores externos que tengan autoridad real. En la multitud de consejeros está la sabiduría. ¿Está mi emprendimiento en esta trampa? Analiza y anota en tu bitácora.

Emprender es apasionante y emprender en familia puede serlo más aún. ¿Cómo resolver la potencial rivalidad del amor y el dinero? Alinear expectativas desde el inicio y aplicar buenas prácticas son la clave.

¿Sabías que Zappos ofrece a las personas nuevas en la compañía $2 mil dólares de bono y una semana de sueldo por renunciar? A pesar de lo atractiva que aparenta ser la oferta, 97% de las personas permanecen en la empresa. Esta práctica refuerza el principio de "ser lento en contratar, pero rápido en despedir". Zappos sabe que una persona que no tenga filiación a su forma tan única de trabajar será más dañina que el monto que se desembolsa en el bono de salida.

Cultura

¿Cómo defino el ADN de mi organización? Este es el tercer aspecto a tomar en cuenta al hablar de un emprendimiento que avanza, porque ha dejado de ser un sueño individual y se ha convertido en un proyecto viable que involucra a más personas. Analicemos cómo tres empresas emblemáticas definen su ADN.

En Apple...

- Simplificamos
- Perfeccionamos
- Asombramos.

En Zappos...

- Proporciona WOW a través del servicio
- Abraza e impulsa el cambio
- Crea diversión y un poco excentricidad
- Sé aventurero, creativo y de mente abierta
- Persigue el crecimiento y el aprendizaje
- Construye relaciones abiertas y honestas con comunicación
- Construye un grupo positivo y un espíritu de familia
- Haz más con menos
- Sé apasionado y determinado
- Sé humilde.

En Disney...

- Innovación: Estamos comprometidos con una tradición de innovación y tecnología.
- Calidad: Nos esforzamos para establecer un alto nivel de excelencia. Mantenemos altos estándares de calidad en todas las categorías de productos.
- Comunidad: Creamos ideas positivas e inclusivas sobre las familias. Proporcionamos experiencias de entretenimiento para compartir con todas las generaciones.

- Cuentacuentos. Historias atemporales y atractivas que deleitan e inspiran.
- Optimismo. El entretenimiento es sobre la esperanza, la aspiración y resultados positivos.
- Decencia. Honramos y respetamos la confianza que las personas depositan en nosotros. Nuestra diversión se trata de reírse de nuestras experiencias y de nosotros mismos.

¿Describirían los enunciados anteriores a las personas y al ambiente de trabajo de cada empresa? ¿Cómo serían nuestros enunciados de negocio?

¿Qué rasgos deberíamos buscar en las personas para hacerlo el ADN de nuestra cultura?

McClelland acuñó el término competencias para definir características individuales que predecían el desempeño. Mucha evidencia se ha encontrado respecto a que seleccionar, desarrollar y retener personal con las competencias adecuadas al emprendimiento son altos indicadores de éxito de la organización. Por lo tanto, se dice que el ADN de la organización es ese modelo de características o competencias que deberían tener las personas que integran la empresa.

Las competencias tienen tres componentes: actitudes (lo que quiero hacer), destrezas (lo que puedo hacer) y conocimientos (lo que sé hacer).

Hay empresas donde la sospecha de acoso sexual es objeto de despido sin mayores investigaciones. En otras organizaciones, por el contrario, este tipo de situaciones, lamentablemente, son comunes y aunque no son permitidas, tampoco se hace algo al respecto. Todas estas posturas son parte del ADN de la organización, ya que moldean su cultura y el tipo de personas que están en ella.

¿Qué hacen las personas al llegar la hora puntual de salida? ¿Cómo son las oficinas de los jefes? ¿Dónde se parquean las personas? ¿Existen fotografías de los fundadores en lugares específicos de las oficinas? ¿Con qué temas se bromea? ¿Se permite hablar de Dios en el trabajo? ¿Existen más líderes orientados a las personas o a los procesos? Todos estos elementos también componen la cultura de tu emprendimiento, y conformarla es un proceso que no ocurre de un día a otro, pero al ocurrir, toma tiempo cambiarlo. Aunque es un aspecto cualitativo que simplemente se percibe, está directamente relacionado con los resultados financieros de la empresa y con la sostenibilidad del emprendimiento.

Nunca olvido la respuesta de Patty Cofiño de McDonald's Guatemala cuando le pregunté cómo hacían para que sus colaboradores sonrieran tan consistentemente. La respuesta fue muy sencilla: "Contratamos personas sonrientes". Tal como te expliqué un poco antes, para ellos, este es un factor determinante en su cultura de servicio, lo que nos lleva a reflexionar sobre el proceso que sigue a la contratación y que realmente es crucial.

Entonces, ¿cómo empiezo a definir la cultura que deseo para mi emprendimiento? Usualmente se podría tomar como mejores prácticas lo que hacen empresas como AT&T o Phillip Morris International, ya que todos sus procesos relativos a las personas están basados en competencias, asegurándose que las personas cuenten con la actitud deseada, los conocimientos adecuados y las destrezas óptimas.

En términos de qué es más fácil o complejo desarrollar, basémonos en la siguiente tabla:

Componente	Grado de dificultad en proceso de desarrollo	Notas	Ejemplo
Actitudes (Querer hacer)	Alto	Es más fácil la contratación con actitudes dominantes. La literatura muestra que modificar actitudes es posible, pero requiere de procesos estructurados de coaching, mentoring y refuerzos constantes. Todas estas actividades son más costosas en términos de tiempo y dinero.	El proceso de contratación de las personas en McDonald's mide el número de sonrisas por unidad de tiempo para asegurar una actitud correcta.
Destrezas (Poder hacer)	Medio	La clave en este proceso es el reforzamiento y la capacitación en el trabajo. Cápsulas de aprendizaje dirigido son la alternativa.	La capacitación por procesos está dividida en tarjetas que se refuerzan diariamente, acompañadas por un "compañero guía" que enseña y capacita, además, refuerza lo aprendido.
Conocimientos (Saber hacer)	Bajo	La clave yace en conocimientos. específicos al puesto de trabajo y alineados a la cultura deseada.	McDonald's cuenta con un programa de inducción al puesto muy estructurado y cápsulas de componentes cognitivos de aprendizaje distribuidos en puntos clave de los restaurantes.

Desde hace varios años, se ha hablado de procesos de modelaje de competencias en las organizaciones. Se han popularizado las universidades corporativas para trasladar el universo de conocimientos específicos de la empresa a los colaboradores. Se diseñan programas de capacitación específicos para el emprendimiento, en donde se refuerzan las actitudes, conocimientos y destrezas deseadas. La clave de estos programas nuevamente se encuentra en el conocimiento de la estrategia, de la causa básica del emprendimiento, de la esencia de la empresa y de la mística que el fundador desea impregnar. Se va reforzando con las nuevas contrataciones, con los premios y penalizaciones, con lo que se habla frecuentemente y con aquello a lo que se da seguimiento.

Luego de analizar estos conceptos, hagámonos algunas preguntas. Puedes copiar este cuadro en tu bitácora y responder. Para garantizar el éxito de mi emprendimiento…

- ¿Qué actitudes deseo tomar en cuenta?
- ¿Qué conocimientos son indispensables?
- ¿Qué destrezas considero básicas y deseables?
- ¿Cómo defino la esencia de las personas que deseo contratar?
- ¿Qué es no negociable? Anótalo en tu bitácora.

Reflexiona sobre tu emprendimiento y algunos de los componentes culturales actuales y deseados. Puedes replicar este cuadro en tu bitácora y completarlo:

Elemento	¿Cómo es actualmente?	¿Cómo me gustaría que fuera?
Símbolos visibles (oficinas, parqueos, imágenes, decoración, etc.)		
Valores		
Comunicación		

Héroes (a quiénes premiamos)		
Villanos (a quiénes penalizamos)		
Creencias básicas		
Lo que hablamos frecuentemente		
Sistema de compensación (cómo le pagamos a la gente)		
Políticas		
Código de ética		
Tipo de clientes que atendemos		

¿Cuál de estas culturas quisieras tener en tu emprendimiento?

Marco de valores competitivos. Tomado de Cameron y Quinn (2006)

Flexibilidad y discreción

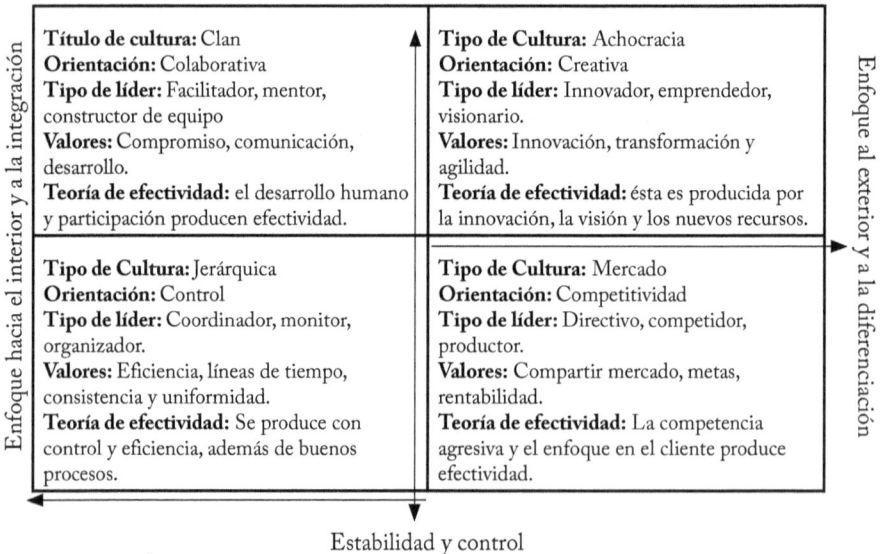

Enfoque hacia el interior y a la integración		Enfoque al exterior y a la diferenciación
Título de cultura: Clan **Orientación:** Colaborativa **Tipo de líder:** Facilitador, mentor, constructor de equipo **Valores:** Compromiso, comunicación, desarrollo. **Teoría de efectividad:** el desarrollo humano y participación producen efectividad.		**Tipo de Cultura:** Achocracia **Orientación:** Creativa **Tipo de líder:** Innovador, emprendedor, visionario. **Valores:** Innovación, transformación y agilidad. **Teoría de efectividad:** ésta es producida por la innovación, la visión y los nuevos recursos.
Tipo de Cultura: Jerárquica **Orientación:** Control **Tipo de líder:** Coordinador, monitor, organizador. **Valores:** Eficiencia, líneas de tiempo, consistencia y uniformidad. **Teoría de efectividad:** Se produce con control y eficiencia, además de buenos procesos.		**Tipo de Cultura:** Mercado **Orientación:** Competitividad **Tipo de líder:** Directivo, competidor, productor. **Valores:** Compartir mercado, metas, rentabilidad. **Teoría de efectividad:** La competencia agresiva y el enfoque en el cliente produce efectividad.

Estabilidad y control

¿Cómo hacer de la rendición de cuentas una cultura?

Una de las claves del nuevo emprendimiento es la disciplina de darle seguimiento a las cosas. Es común que los fundadores tengan en mente la visión de lo que harán y cómo lo harán, pero suelen pretender que sus colaboradores lo sepan, aunque no se los ha comunicado. ¿Cómo podrán darle seguimiento a las tareas que no se han compartido con claridad? Por lo tanto, es indispensable hacer de la comunicación efectiva un elemento básico de la cultura empresarial.

Adicionalmente, en las primeras etapas de la travesía del emprendimiento, hay tanto que hacer que los pendientes rápidamente pueden escalar. Como nuevo emprendedor estará experimentando lo que significa tener múltiples jefes (cada cliente, proveedor y accionista) y que todo, absolutamente todo, pareciera ser urgente. ¿No hay teléfono? Resuélvelo. ¿No hay dinero? Resuélvelo también. ¿No se ha cobrado? Te toca. ¿No hay fondos en la cuenta? Adelante. ¿Necesitan una página web? Hazla. ¿Cómo equilibra lo estratégico (que es crucial) con la ejecución diaria (que también es crucial)?

La respuesta es simple, pero en la práctica puede complicarse. Prioriza, delega…sí, ya sé que estás pensando que no cuentas con personal, pero en la medida de lo posible, tendrás que ir completando a tu equipo y aprendiendo a delegar, dale seguimiento semanal a cada cuestión pendiente.

Una de las mejores prácticas es organizar reuniones semanales de rendición de cuentas. Durante cuarenta y cinco minutos o una hora, reúnete con tu equipo (no importa que solo sean usted y su socio o su primer colaborador) y denle seguimiento a lo que se propuso en la semana y cómo esas tareas contribuyen al logro del propósito, de la visión y de la estrategia a largo plazo. Si no tienes colaboradores en ese momento, es sano que te reúnas con tus mentores para compartirles tus avances. Lo importante es:

- Tener esbozada la estrategia de cinco años, de un año y de la semana
- Tener metas claras para la semana, el mes y el año

- Tomar minuta de lo que se hable y acuerde
- Darle seguimiento cercano a los acuerdos.

Si has notado, mucho de los consejos de esta obra están orientados a ayudarte a planificar. Sin embargo, parte de la obra está dedicada a ejecutar. Créeme cuando te digo que en lo personal me costó mucho llevar esto a la práctica. Solía esperar que las personas supieran por ósmosis lo que yo pensaba y me enojaba cuando no se daba el seguimiento adecuado a las cuestiones. Era lógico, pues no teníamos reuniones periódicas para reforzar lo importante. En lo personal, disfruto más de escribir, de enseñar, de diseñar que de sentarme a ver los detalles del emprendimiento. Sin embargo, el hecho de que no me gusten no significa que son irrelevantes. El negocio ha avanzado dramáticamente desde que estos principios se hicieron parte de nuestra cultura. ¿Fui yo el que cambió? No. Pero tengo más personas en mi equipo cuya fortaleza es la administración y la disciplina de hacer de esto una realidad. Sigo aportando en lo que me gusta, pero disfruto de ver que las cosas están avanzando gracias al trabajo de mi equipo. Ahora, en la empresa podemos reaccionar más rápido ante las crisis que puedan surgir y los proyectos con mucha demanda porque a todo le damos mejor seguimiento. No es lo mismo descubrir un día antes de pagar que no hay dinero a tener al día los flujos de efectivo y provisionar los gastos. Así que haz de la rendición de cuentas un elemento importante de la cultura de tu emprendimiento. Analiza estas preguntas y responde en tu bitácora.

- ¿Qué estás midiendo en tu emprendimiento?
- ¿Cada cuánto lo mides?
- ¿Quién lleva minuta de los acuerdos?
- ¿Cómo se da seguimiento a los acuerdos?
- ¿A quiénes les rindes cuentas?

Me gusta decir que este proceso es como bajar de peso. Hasta que uno decide ir a pesarse semanalmente con alguien externo es que empezamos a hacer algo al respecto. Si nadie lo sabe, la tendencia es pensar: "Ninguno se enterará de que gané unas libras". En el cierre de la obra verás más al respecto de rendir cuentas y ejecutar lo planeado.

Verne Harnish, el fundador de Entrepreneur's Organization (EO), en su libro *Mastering the Rockefeller Habits* nos recomienda cómo planificar en una página. Este resumen me parece una herramienta poderosa de las variables a las que podríamos dar seguimiento por el resto de nuestra vida y que pueden convertirse en parte esencial de la cultura de tu emprendimiento, del Nosotros, S.A. que ya va por buen camino.

HORIZONTE DE TIEMPO		Rendición de cuentas		
Diariamente				Quién
Semanalmente		Agenda		Cuándo
Trimestraimente		Acciónes		Cómo
Anualmente		Metas		Qué
3-5 años		Grandes Metas		Dónde
Vida del líder		Propósito		Por qué
Para siempre		Valores Fundamentales		Debería

TODOS, S.A.

3

Si pudiera establecer un récord mundial, sería que tengo 150 socios, todos con negocios prósperos propios que comenzaron con nada y se hizo la diferencia para hacer de todos multimillonarios.
— Barbara Corcoran

Impacto positivo multiplicador

En 2006, Blake Mycoskie realizó un viaje por Argentina y por su travesía se encontró a varios niños descalzos. Con la intención de ayudarlos, Mycoskie creó TOMS Shoes, una empresa que donaría un par de zapatos nuevos por cada para que le compraran.

El emprendedor americano volvió a Argentina con familia y amigos y donaron a la ONG local llamada LIFE (Luchemos para una Infancia Feliz y con Esperanza) 100 mil pares de zapatos para que repartieran a los niños que los necesitaban. La compañía diseña y vende zapatos ligeros basados en el diseño alpargata argentina.

La marca de zapatos TOMS Shoes se creó con una misión: donar zapatos según las ventas que realizaran. Gracias a esta filosofía, los diseños de estos zapatos se convierten en benefactores, un factor que hace crecer a la empresa bajo unas raíces de negocio sostenible.

Imagina que ya has avanzado en tu emprendimiento y el proyecto o la empresa tiene el impacto que imaginaste. ¿Te sientes feliz en este momento? Veamos algunas estadísticas de personas que han pasado por las etapas exitosamente:

- El millonario promedio va a la quiebra , al menos, 3.5 veces.
- Solo 20% de los millonarios se jubilan. Alrededor de 80% todavía va a trabajar.

- Carlo Slim Helú, un billonario mexicano con una fortuna de 69 mil millones de dólares, es considerado como el primer "hombre más rico del mundo de una nación en desarrollo". Él ha vivido en la misma casa modesta durante los últimos treinta años. Su riqueza es equivalente a 5% de la producción económica de México. Él gana casi $30 millones de dólares al día.
- El billonario Bill Gates anunció que iba a donar su fortuna, estimada en 61 mil millones de dólares, a la caridad y que iba a dejar un máximo de $10 millones de dólares para cada uno de sus tres hijos. Lo mismo ha decidido Warren Buffet.
- Hay aproximadamente 1,226 billonarios en el mundo. Las mujeres representan el 8.5 % de ellos.
- En 2008, había 10 millones de personas de todo el mundo que fueron clasificados como millonarios.

Y según los estudios de Oxfam de 2015:

- 48% de toda la riqueza del mundo está en manos de 1% de la población.
- Se estima que este número podría llegar a más del 50% en 2016.

En contraste:

- 80% de los menos acaudalados posee actualmente solo 5.5 % de toda la riqueza mundial.

¿Qué nos dicen estas estadísticas?

Nos dicen que:

- El éxito no es instantáneo, sino que ha implicado múltiples fracasos.
- El objetivo de quienes han hecho fortunas no es descansar, sino que encuentran satisfacción en su trabajo.
- Tener dinero no necesariamente implica perder la perspectiva del gasto.
- Hay casos donde lo acumulado se donará al final de la vida.

- Existen múltiples casos de millonarios y billonarios.
- Tenemos un enorme reto en la distribución de riqueza.
- Este es el reto de lo que he llamado Todos, SA. Emprender no se trata de yo o de nosotros, se trata de todos. ¿Cómo creamos en realidad un mundo más sostenible, próspero y abundante?

¿Qué impide que lleguemos del éxito a la trascendencia en nuestros emprendimientos y que impactemos nuestro entorno siendo líderes positivos? Al final, emprender se convierte en una actividad colectiva de bien común. Esa debería ser la proyección, pero existen algunos enemigos que se deben vencer...

Enemigos a vencer

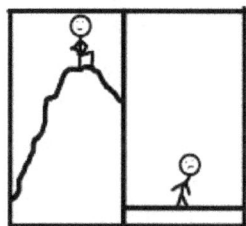

Enemigo 1
Es Más Difícil Manejar el Éxito Que el Fracaso

Enemigo 2
Lo Bueno del Emprendedor También es lo Malo

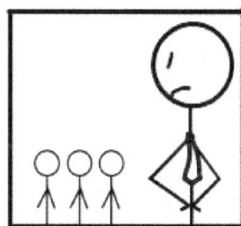

Enemigo 3
De Una Visión Noble a Una Visión Tiránica

Enemigo 1: Es más difícil manejar el éxito que el fracaso

Un tema que siempre es relevante es la conducta humana, los aspectos que varían con el tiempo y aquellos que permanecen. ¿Has notado recientemente casos de líderes exitosos que lo pierden todo por conductas autodestructivas? ¿Por qué sucede tan frecuentemente? Existen incontables ejemplos de personas que son ascendidas a una posición de liderazgo y se sabotean: gerentes, empresarios, religiosos, políticos, académicos, artistas. En 1989, Manfred F.R. Kets de Vries publicó algunas ideas que lo explican.

Kets de Vries encontró, en sus diversos estudios de casos, al menos tres causas comunes a comportamientos autodestructivos: isolación de la realidad, transferencia de los seguidores y miedo al éxito. Analicemos...

Isolación de la realidad. Es normal que cuando asumes una posición de liderazgo, te digan cosas como: "Hay que marcar distancias". Culturalmente hablando, Latinoamérica suele tener una distancia de poder muy marcada (brecha entre líder y seguidor o jefe y subordinado), lo cual acentúa esta prescripción. Al hacerlo, los líderes naturalmente empiezan a perder contacto con la realidad: esa información de primera mano de sus clientes o colaboradores cercanos, esa retroalimentación informal recibida de colegas o pares, etcétera. Naturalmente, estar isolado de la realidad puede llevar a toma de decisiones basada en premisas erróneas. ¿Cómo eres como emprendedor en este aspecto?

Transferencia de los seguidores. El fracaso de los líderes suele estar íntimamente relacionado a sus seguidores. Existe una predisposición natural de los seguidores a buscar infalibilidad en sus líderes, a buscar esa seguridad y reafirmación psicológica que solíamos tener de niños con la figura idílica de nuestros padres. ¿Por qué en momentos de crisis resurgen las personas que dicen sí a todo? Es precisamente porque en momentos de inseguridad nos volcamos inconscientemente a que alguien externo nos resuelva y nos brinde serenidad. Negamos a los líderes la retroalimentación oportuna, solo hasta que es demasiado tarde. ¿Cómo eres como emprendedor en este aspecto?

Miedo al éxito. Es una causa que parece contradictoria, pero existe un miedo intrínseco al éxito. Todos anhelamos tenerlo, pero al alcanzarlo, solemos tener pensamientos como: "¿Y si lo pierdo todo?" "¿Y si el éxito me cambia para mal?" "¿Qué tengo yo para merecer este éxito?" Estos pensamientos provocan automáticamente comportamientos compensatorios que son destructores del éxito mismo. ¿Cómo eres como emprendedor en este aspecto? ¿Qué podemos hacer para no sucumbir ante el éxito?

Humildad. Reconoce que no eres el único artífice de tu éxito. Eres humano, te equivocarás. Sin embargo, la fragilidad del mensajero no demerita el poder del mensaje.

Sé accesible. Permite que las personas se acerquen y compartan sus inquietudes. Habla directamente con tus clientes y colaboradores.

Provoca la retroalimentación. Comprende que las malas noticias no son temas personales hacia ti, no son críticas a tu ser. Acepta información que permita ajustar la visión. No tomes como ofensa personal que algo no esté saliendo bien en la organización. Provoca los foros para recabar información.

Descansa. Si estás sobre cargado de trabajo, tu propensión a caer será mayor. A veces, no es fácil descansar, pero así como haces agendas para reuniones, agenda tu tiempo de descanso. ¿Cómo eres como emprendedor en estos cuatro aspectos? Reproduce este cuadro en tu bitácora y responde.

Aspecto	Sí	No	¿Qué diría la gente que me conoce de cerca?
¿Soy humilde?			
¿Soy accesible?			
¿Busco la retroalimentación?			
¿Descanso de forma programada y sistemática?			

Ahora, analiza la explicación que ofrece Jim Collins al respecto.

Imagina tener dos reconocimientos mundiales de récord Guiness. Uno por el mayor número de seguidores en menor tiempo en la popular red social Twitter: un millón de seguidores en 25 horas y 17 minutos; y otro por recibir la compensación más alta por episodio de televisión: $1.25 millones. Estamos hablando de Charlie Sheen, quien solía encabezar el elenco de la popular serie *Two and a Half*

Men. La controversia ha rodeado a Sheen, quien en arranques de cólera ha insultado al equipo que produce y dirige la serie, ha hecho comentarios despectivos a El Salvador, ha perdido el derecho de ver a sus hijos por violencia familiar y se ha jactado de drogarse pero "sabiendo cómo hacerlo". Incluso ha comentado que "solo los perdedores morirían de una sobredosis". En pocos días ha polarizado al público, desde quienes han perdido totalmente el respeto por el actor, hasta quienes le colocan como su nuevo modelo a seguir. ¿Qué lleva a una persona que ha alcanzado tanto éxito a realizar actos que podrían poner en riesgo su vida, la de su familia y su carrera?

La mayoría de autores coinciden en que todo nace con la arrogancia, como apuntamos anteriormente. Jim Collins arguye en su obra *How the Mighty Fall* –Cómo caen los grandes- que la primera fase del fracaso es la arrogancia producto del éxito. La Biblia muestra claramente el mismo principio. Proverbios 16: 18 asegura: *Antes del quebrantamiento es la soberbia, Y antes de la caída la altivez de espíritu.* Dejando como base la arrogancia, existen tres causas adicionales, que se convierten en tres tentaciones al experimentar el éxito.

Tentación 1: Error fundamental de atribución. Este es el término que acuñan los psicólogos al fenómeno de atribuir el éxito a nuestra

habilidad individual, sin tomar en cuenta factores externos aleatorios o la participación de terceros. ¿A qué atribuimos el éxito? ¿A nosotros solamente o a todos los elementos que lo propiciaron? Enumera los factores que te han llevado a ser exitoso.

Tentación 2: Exceso de confianza. El éxito fomenta la confianza en nuestras destrezas y en nuestra capacidad de ejecución. Esto, en sí mismo, no es negativo, pero puede aumentar la probabilidad de emprender nuevos retos desordenadamente o asumiendo más riesgos de los necesarios. ¿Examino mis fortalezas, pero igualmente mis áreas de oportunidad? ¿Identifico qué áreas podrían ser difíciles de manejar al experimentar éxito? Enumera tus principales fortalezas y debilidades como emprendedor.

Tentación 3. No preguntar por qué. Cuando tenemos éxito, solemos no cuestionarlo. Distinto ocurre con el fracaso, donde preguntamos "¿Por qué he vivido esto?" Es imperativo analizar el éxito, anotar por qué lo hemos alcanzado y qué factores contribuyeron. ¿Analizamos lo que nos ha llevado al éxito? ¿Por qué he sido exitoso? ¿Cuáles han sido las razones?

Es común citar la célebre frase de John F. Kennedy: "El éxito tiene muchos padres, pero el fracaso es huérfano". Es una realización llegar al éxito, cuya definición es individual y subjetiva, pero más importante es hacerlo sostenible, sin dañar a terceros en el proceso.

Enemigo 2: Lo bueno del emprendedor también es lo malo

Quienes emprenden tienen características positivas. Sin embargo, también existen rasgos marcados que podrían ser nefastos para la persona, sus negocios y quienes le rodean. Se les atribuye un lado oscuro. Manfred F.R. Kets de Vrie investigó algunos rasgos interesantes. ¿Cómo eres tú?

Los emprendedores están orientados al logro, les apasiona tener la responsabilidad por decisiones complejas y detestan el trabajo rutinario, repetitivo. Son especialmente creativos, poseen altos niveles de energía, perseverancia e imaginación. Estas características, unidas a la disposición de tomar riesgos calculados, les permiten transformar en algo concreto lo que usualmente empieza como una idea apenas definida. Los emprendedores pueden inspirar un entusiasmo altamente contagioso en una organización. Infunden un sentido de alto propósito, y al hacerlo, convencen a otros de que están donde está la acción. Cualquiera que sea la característica –carisma, personalidad atrayente, jugadores que apuestan a ganar–, los emprendedores, de alguna forma, saben cómo liderar una organización y darle empuje.

Sin embargo, los emprendedores pueden tener aspectos de su personalidad que los convierten en individuos difíciles en el ambiente laboral. Por ejemplo, el empuje hacia la acción provoca que en muchas ocasiones actúen, aparentemente, sin pensar, lo que tiene fuerte impacto en las organizaciones. En otras oportunidades, los emprendedores no aceptan sugerencias y consejo, y caen en errores que podrían ser catastróficos para sus organizaciones.

Entonces, ¿existe un lado oscuro del emprendedor? Analicemos tres aspectos comunes. Recuerda que son tendencias, por lo que no implica que todos los emprendedores sean iguales.

Necesidad de control. Frases que pueden resonar en emprendedores son: "Soy un mal empleado, porque no puedo tener jefe" o "Yo lo haría mejor que mi jefe, así que iniciaré mi empresa". Es común observar un alto nivel de control entre emprendedores. Esto les hace jefes que desean tener el control de todo, hasta del más mínimo detalle de la organización, de lo que ocurre dentro de la empresa y de sus integrantes. Sienten desconfianza por colaboradores que tienen iniciativa o que comunican poco sus acciones. Esto les hace perder el control. En muchos casos, los nuevos negocios surgen por personas que son "rebeldes con causa", que no encuentran en las estructuras organizacionales comunes una forma de expresar su creatividad y sus talentos individuales. Como todo en la vida, esta característica puede ser buena o mala, depende si es utilizada con moderación o se lleva al extremo. ¿Cómo me evalúo en este aspecto?

Sentimiento de desconfianza. Los emprendedores han aprendido a desconfiar. Desconfían de quienes les preguntan por su negocio; usualmente contestan "allí vamos", "más o menos"; desconfían de la competencia, de sus colaboradores cercanos y en general del mundo que les rodea. Piensan en muchas ocasiones que les robarán si no controlan las situaciones, que la competencia tiene infiltrados en su negocio o que un socio o persona clave les robará el negocio. Lo curioso es que usualmente tienen razón. Es una especie de profecía auto cumplida. Siempre, en cualquier negocio, si indagamos lo suficiente, encontraremos algo que no está bien. De nuevo, el extremo es el riesgoso. Si esta desconfianza paraliza la organización o hace perder talento clave, hay que tener especial cuidado. ¿Cómo me evalúo en este aspecto?

Necesidad de aplausos. Los emprendedores desean ser héroes míticos que empiezan sin nada, vencen los obstáculos y logran posicionarse en la cúspide. El riesgo que implica conquistar grandes cosas, las fuerzas que hay que vencer, los "enemigos" del camino, hacen que se refuerce el sentimiento de control, desconfianza, lo que hace crecer la necesidad de aplauso. Los emprendedores necesitan ser reconocidos por sus victorias. En muchas ocasiones, construyen monumentos a sus logros (grandes edificios vistosos que quizá no contribuyen al negocio) o buscan formas de obtener la visibilidad que necesitan. Es normal. Recuerda: le han ganado la carrera a muchos. Al igual que en otros casos, los extremos son los que hay que observar. ¿Cómo me evalúo en este aspecto?

¿Te sentiste identificado con alguno de los rasgos a cuidar? ¿Qué piensas hacer al respecto?

Enemigo 3: De una visión noble a una visión tiránica

Mi visión como emprendedor ¿es positiva o nefasta?

Existen muchas personas que utilizan el privilegio de servir a otros para manipular y para alcanzar objetivos personales. Todos deseamos ser líderes, pero muchas veces no dimensionamos la magnitud de esa responsabilidad del liderazgo. Con una palabra podemos dañar las creencias más básicas de un ser humano y también con una palabra podemos infundir ánimo e inspiración en los demás. ¿Cómo detectar si mi visión empresarial y mi liderazgo como emprendedor está desviándose? ¿Existen señales de alerta?

Analiza tu visión empresarial y tu visión personal. Responde sí o no a las siguientes preguntas que te ayudarán a discernir si existen señales de peligro.

- ¿Es tu visión noble y positiva para ti y tu grupo, pero perjudica a otros?
- ¿La visión promete hacerse grande a expensas de hacer a otros pequeños?
- ¿La visión te coloca como el líder salvador que destruye al enemigo o competidor?
- ¿La visión necesariamente involucra destruir al competidor o a los demás?
- ¿La visión soportaría el escrutinio del tiempo y de la historia?

Ahora, te pido que te analices como líder. Responde sí o no a estas preguntas.

- ¿Estás desplegando arrogancia y orgullo excesivo?
- ¿Recibes consejo solo de personas que te adulan y te dicen que sí a todo?
- ¿Utilizas a otras personas para que hagan el "trabajo sucio" y luego les das la espalda?
- ¿Tratas de menos a los miembros más débiles del equipo?
- ¿Culpas a otros del resultado de tus decisiones o actos?
- ¿Actúas de acuerdo a tu beneficio personal por encima del beneficio de los demás?
- ¿Disfrazas acciones cuestionables con argumentos de altruismo y nobleza?

El primer paso para desarrollarse como persona y como líder es conocer la línea base. ¿Dónde estás hoy? ¿Estás obteniendo los resultados que esperas como líder y persona? ¿Cuentas con mecanismos para rendir cuentas a otros sobre tu progreso como líder y persona?

El liderazgo positivo y transformador es posible. Líderes como Alfred P. Sloan Jr., Martin Luther King Jr., Aaron Feuerstein, Nelson Mandela, Anita Roddick, Gandhi, Desmond Tutu, Václav Havel nos han inspirado a la grandeza y a mover hacia delante el mundo. Sin embargo, estos resultados son menos frecuentes de lo que esperaríamos. Quizá es porque nos enseñan a ser líderes, pero no a ser seguidores y exigir un buen liderazgo.

¿Estás dispuesto a hacerte las preguntas difíciles? Si has encontrado áreas que necesitan cambiar, ¿harás algo al respecto? La práctica de liderazgo empieza con nosotros mismos. ¿Qué analicé y qué haré?

Para finalizar esta sección de autoconocimiento, vale la pena que periódicamente busques consejo de mentores. ¿Cuentas con otros emprendedores que pueden aconsejarte?

No busques solo a una persona para todo. Recuerda que hay que buscar mentores en áreas específicas. Busca al mejor líder espiritual para ayudarte en temas espirituales. Busca al mejor administrador para temas de orden. Pregunta al mejor vendedor sobre cómo promover el área comercial. Enumera al menos diez mentores que podrán ayudarte.

Nombre de mentor	Área en donde puede ayudarte

Una S.A. que evoluciona

¿Qué haré a partir de hoy?

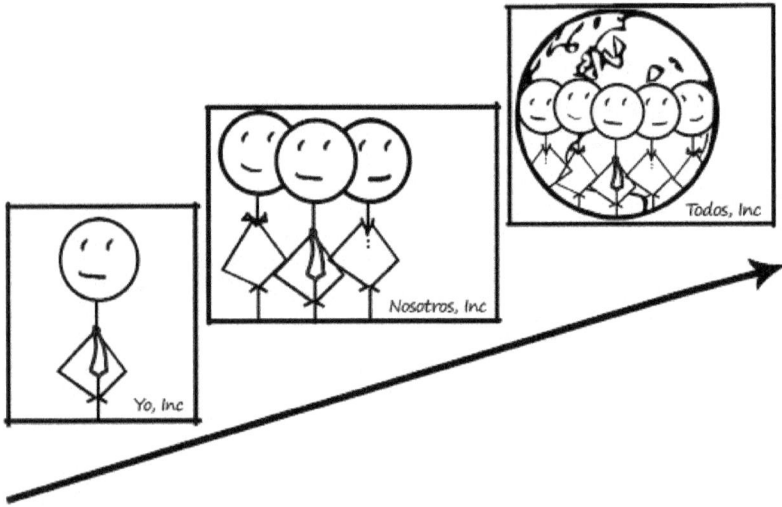

"Este año sí." "Con este libro me decido emprender". "Ahora sí"… podrías pensar.

Te comparto un dato interesante: únicamente 8% de las personas que se proponen metas de año nuevo realmente las alcanzan, según estudios publicados por *Harvard Business Review*. Un estudio publicado en enero de 2010 mostró que en Guatemala únicamente 15% de las personas planifican y que solo 3% de ese porcentaje lo hacen por escrito. ¿Qué deberíamos hacer para mejorar las probabilidades de éxito en las metas que nos proponemos? Para ser líderes exitosos, para lograr emprendimientos que tengan un buen impacto en la sociedad es indispensable planificar, establecer metas, evaluando objetivamente dónde nos encontramos en este momento. Pareciera que es un tema ya tratado, pero es tan amplio e influye tan poderosamente desde diferentes perspectivas que nunca deja de sorprendernos, especialmente en lo relacionado con el éxito de un emprendimiento que se ha soñado, se ha establecido y está avanzando, lo cual merece el planteamiento de estrategias.

Las investigaciones realizadas por múltiples universidades en Estados Unidos, Europa y los datos del estudio mundial de cultura y liderazgo GLOBE, donde participa Guatemala, muestran consistentemente que la ejecución en la planificación es una brecha. Revisemos las estadísticas. De las personas que planifican sus metas del año siguiente, 8% tienen éxito en alcanzarlas, 19% tienen éxito aunque les tome más de un año, 49% tienen poco éxito alcanzando lo propuesto y 24% nunca alcanzan lo que se han planteado. Sin embargo, cuando se preguntó a las personas si creían que tendrían éxito, más de 52% dijo que sí. ¿Qué está pasando?

Examinemos en qué se concentran las metas. 47% de las metas están enfocadas en la mejora personal o en la educación, 38% tienen que ver con mejorar el peso corporal, 34% tienen que ver con dinero y 31% tienen que ver con relaciones. ¿En qué aspecto se concentran tus metas?

Cuando se examina a qué edad se tiene más probabilidad de alcanzar las metas, las estadísticas muestran que 39% estaba en sus 20´s y 15% estaba en sus 50´s. Es decir, la edad podría ser una variable clave en la predicción de alcanzar las metas.

Además, tenemos otro punto clave, la medición. ¿Por qué medir? Para planificar es importante tener clara la línea base, la probabilidad inicial. Entonces, ¿por qué suele existir esta brecha en la ejecución? Veamos las tres principales causas.

No desear realmente alcanzar la meta. Cuando se planifica, hay ocasiones cuando las metas se definen por presión social o lo que es socialmente aceptado definir. Si la meta no es relevante para ti, si no te apasiona, no la alcanzarás. Lo primero es decidir hacerlo. La decisión firme es un camino ya recorrido hacia el logro del resultado.

Definir muchas metas ambiguas. Es normal definir muchas metas generales. Por ejemplo, "bajar de peso", lo que no es una meta válida, pues podrías bajar un gramo en el año y habrías logrado lo que te propusiste. Las metas deberán ser tres a lo sumo y específicas. Bajar tres libras al mes y aumentar dos libras de masa muscular en ese mismo tiempo es mejor que simplemente proponerse "bajar de peso".

Si tienes más de tres metas, clasifícalas por fechas. Tres este mes, tres el siguiente, y así sucesivamente. Más de ello no se alcanzará. Lo mismo aplica para hacer estrategia en las organizaciones.

No contar con un mecanismo de rendición de cuentas. ¿Quiénes saben sobre tus metas? ¿Tienes un tablero de control donde puedes ver cómo vas en el avance? Tus metas deben ser conocidas por otros y revisadas por ti con cierta frecuencia. Puedes hacer un análisis semanal y establecer actividades que aportarán a ello. Es muy estimulante saber que se está avanzando.

Entonces, lo importante es planificar, ya que te permitirá, estadísticamente, seis a diez veces más probabilidades de alcanzar lo que sueñas. Además, comparte tus sueños. Establece mecanismos de rendición de cuentas. Anota tus conclusiones al respecto para llevar a cabo tu emprendimiento.

¿Cómo definirás tu éxito como emprendedor?

Hace unos meses, inicié clases de estrategia en la maestría de negocios (MBA) de una escuela de negocios. Es una clase que me apasiona impartir. No solo se trata de reflexionar sobre las empresas y cómo hacerlas rentables, sino en realidad se trata de cómo ver la vida misma. Siempre hago la invitación a que hagamos estrategia en las empresas cuando ya tengamos una estrategia de vida. En clase hablamos del éxito, pero igual suelo dedicar tiempo al fracaso. Compartimos nuestras experiencias y suelo hablar de la mía, de los momentos cuando tuve que detenerme y meditar sobre lo que en realidad importaba en mi vida, cuando a los veintiséis años me encontraba en un hospital internado por una crisis de stress. No es fácil sentirse vulnerable, sentir que a esa edad ya tienes problemas que podrías experimentar mucho después. Si lo pensamos, la vida es como la empresa, obtengo lo que me enfoco en obtener y en lo que invierto mis recursos. En mi caso, invertía todo mi tiempo en trabajar y la consecuencia fue muy clara. En clase, el principal tema de discusión son *scorecards*, métricas y cómo medir la ejecución de la estrategia. Por eso los motivo a preguntarse ¿con qué métrica evalúas tu vida? ¿Cómo definirías tu éxito?

Me llamó la atención observar en el último World Business Forum en Nueva York que la única charla que obtuvo una ovación de pie fue la de Nando Parrado, sobreviviente del accidente de Los Andes. Su conclusión es que hay que tener un propósito que va más allá que el dinero. Por otro lado, leía en el *Harvard Business Review* que uno de los artículos más citados es el que escribió Clayton M. Christensen, titulado *How will you measure your life?* La conclusión es clara: estamos viviendo en un mundo donde la abundancia aparente nos vacía de una vida con propósito. Nos hemos inmerso en la cultura del tener, pero poco del ser. Pasamos poco tiempo meditando sobre prioridades y empleando tiempo en ellas. Más aún, pasamos tiempo criticando a los demás, en lugar de reflexionar sobre nosotros mismos. ¿Quién puede decir que es perfecto? Me parece que nadie, pero buscamos perfección en otros, sin ofrecerla. Es fácil, como lo haríamos en la empresa, pensar: "Si yo fuera gerente lo haría así", o también es fácil ver la vida de alguien y decir: "¡Qué barbaridad que haga eso!". Pocas veces decimos: "¿Qué puedo hacer yo para cambiar mi vida para bien?" "¿Qué estoy haciendo en realidad para tocar positivamente la vida de los demás?".

Cuando hablamos de estrategia, de nuevo la premisa fundamental es que obtenemos aquello a lo que le invertimos recursos. No hablo de dinero necesariamente, sino de tiempo, enfoque, energía. En otras palabras, hablamos de prioridades. Le he preguntado a muchas personas cuál es su prioridad y en la mayoría de los casos me contestan que es Dios o su familia. Sin embargo, cuando pregunto cuánto tiempo invierten en esas prioridades, la respuesta es casi siempre: "Muy poco, no tengo tiempo por el trabajo". ¿Cuál es entonces la prioridad? Honestamente, es un tema que también me confronta. Mentiría al decirte que siempre hago lo que es "estratégicamente correcto" en mi vida. Sin embargo, analizar la cuestión y actuar al respecto hace que el cambio de comportamiento se lleve a cabo.

¿Qué medimos en la empresa? ¿Qué medimos en la vida? Una segunda premisa fundamental de estrategia es que se obtiene lo que se mide. De allí la importancia de definir indicadores, mediciones de desempeño (*key performance indicators* o KPI's) y sistemas formales de rendición de cuentas. Si utilizamos EBIT, margen, ventas, rotación y otros sistemas para medir la ejecución de la empresa, ¿por qué no aplicar los principios a la vida misma? Me impactó lo que escribe Clayton en su artículo. Él menciona que "…Dios evaluará mi vida no por la cantidad de dólares que hice, sino por cuántas vidas he tocado". Entonces, no se trata de prominencia, status o de logros, se trata de que otros tengan una mejor vida. ¿Cómo me evaluaría? ¿Cómo me evaluaría mi familia? ¿Mis amigos, mis colegas, la sociedad?

Es apasionante hacer estrategia, pero es más apasionante hacer estrategia de vida, en donde las métricas que diseñemos y medimos sean aquellas que ayuden a construir un mejor mundo.

Responde algunas preguntas y escribe en la tabla siguiente.

- ¿Cómo defino el éxito?
- ¿Cómo mido si estoy siendo exitoso?
- ¿Qué actividades hago que contribuyen a este resultado?
- ¿A quiénes pido retroalimentación?

Mi deseo es que te hagas las preguntas correctas. Aquellas que te reten a moverte hacia delante como ser humano. Nuestra región necesita líderes sanos. Recuerda que un líder herido hiere a otros. No esperemos que el país, que los países latinoamericanos prosperen con líderes que buscan usar a otros, sino que nos enfoquemos en crear mejores empresas, mejores comunidades o una mejor sociedad.

Si quieres cambiar al mundo, cámbiate a ti mismo.
Gandhi

Epílogo

Cuando contemplé las planicies que estaban frente a mí, decidí que el miedo a la libertad sería reemplazado por la responsabilidad de mi llamado. Sabía la verdad. No podía quedarme sin hacer nada.

Había millones de personas en esa caverna. Quizá billones. No podía verlos. Nunca podría conocerlos a todos, o talvez sí, de alguna forma.

Podrían matar al soñador pero nunca al sueño, pensé, aún temeroso, pero me atreví a llevar esa nueva libertad de regreso.

Hoy, definiría mi propósito como un liberador de sueños. Inspiraría a las personas a ser la mejor versión de sí mismas. Inspiraría el poder de emprender.

Y regresé a la caverna, con un renovado entendimiento y decidí ser el cambio que quiero ver en el mundo.

Material adicional
Consultado

1. Bygrave, William; Zacharakism Andrew (2004). *The Portable MBA in Entrepreneurship*. Estados Unidos: Wiley.

2. Collins, Jim (2002). *Empresas que Sobresalen*. Colombia: Grupo Editorial Norma.

3. Herrmann, Ned (1996). *The Whole Brain Business Book*. Estados Unidos: McGraw Hill.

4. Hisrich, Robert; Peters, Michael; Shepherd, Dean (2009). *Entrepreneurship*. Estados Unidos: McGraw Hill (7ma Edición).

5. Kim, Chan W., Mauborgne, Renée. (2005). *Blue Ocean Strategy*. Boston: Harvard Business School Press.

6. Porras, Emery, Thompson (2007). *Success Built to Last*. Estados Unidos: Pearson Education.

7. Shane, Scott (2008). *The Illusions of Entrepreneurship*. Estados Unidos: Yale University Press.

8. Zelaya, Julio (2009). *Hecho en Guatemala: Crónicas de Emprendimiento y Éxito*. Guatemala: The Learning Group Press.

9. http://www.infomipyme.com/

10. http://www.passioncatalyst.com/

11. http://www.infomipyme.com/Docs/GT/Offline/inicioempresa/descubriroportunidadnegocios.html (Recursos para emprendedores de MIPYMES, Ministerio de Economía de Guatemala.)

SOBRE EL AUTOR

Julio Zelaya es un experto global en emprendimiento.

Es co-autor de los best sellers en Estados Unidos SuccessOnomics con Steve Forbes y Transform con Brian Tracy. Ha compartido como keynote speaker en eventos con Dave Ulrich, Peter Diamandis, Mark Victor Hansen, Henry Cloud, entre otros.

Es Principal en The RBL Group de Estados Unidos y Fundador y Presidente de Emprende U www.emprendeu.com)

Cuenta con un post doctorado en Management y Marketing por Tulane University, un MBA de INCAE y certificaciones en emprendimiento en Harvard University, Babson College, MIT y Cornell University.

Es Fellow del Central American Leadership Initiative -CALI– de The Aspen Institute y miembro del Aspen Global Leadership Network y miembro de EO (Entrepreneur's Organization). Su trabajo ha sido visto en las cadenas ABC, NBC, CBS, E! y FOX en Estados Unidos, así como en los principales medios de Latinoamérica.

Speaker de TEDx con su charla El regalo de soñar. Visiting Scholar en High Point University, Penn State University y Tulane University. Miembro del Consejo Asesor de la Revista Estrategia y Negocios en Centroamérica. Columnista de Siglo XXI con el espacio El poder de emprender.

Asesora a más de 150 organizaciones anualmente en Estados Unidos, Latinoamérica y El Caribe, formando y capacitando presencialmente a un aproximado de 100 mil personas por año y a más de 500 mil personas, a través de medios digitales.

www.ingramcontent.com/pod-product-compliance
Lightning Source LLC
Chambersburg PA
CBHW060604200326
41521CB00007B/657